什么样的爱值得

勇敢一次

To be
Brave
grow in
Love

沈奕斐

——

著

江苏凤凰文艺出版社

图书在版编目（CIP）数据

什么样的爱值得勇敢一次 / 沈奕斐著.—南京：江苏凤凰文艺出版社，2022.11（2023.1重印）
ISBN 978-7-5594-6488-0

Ⅰ．①什… Ⅱ．①沈… Ⅲ．①恋爱心理学 Ⅳ.①C913.1

中国版本图书馆CIP数据核字（2021）第269987号

什么样的爱值得勇敢一次

沈奕斐　著

责任编辑	周　璇
特约编辑	刘　倩　陈伟娟
封面设计	所以设计馆
责任印制	刘　巍
出版发行	江苏凤凰文艺出版社
	南京市中央路165号，邮编：210009
网　　址	http://www.jswenyi.com
印　　刷	三河市中晟雅豪印务有限公司
开　　本	880毫米×1230毫米　1/32
印　　张	11
字　　数	217千字
版　　次	2022年11月第1版
印　　次	2023年1月第2次印刷
标准书号	ISBN 978-7-5594-6488-0
定　　价	59.80元

江苏凤凰文艺版图书凡印刷、装订错误，可向出版社调换，联系电话025-83280257

导 言

改变对爱情的认知，才能经营好爱情

在网络上，情感博主可能是门槛最低的一种"专家身份"。如果你情感顺利，可以分享成功的经验；如果你失恋或者离婚了，可以分享失败的经验；甚至你没有任何经验，都可以分享一些鸡汤。但是，这样的经验和鸡汤喝多了，很可能反倒让你更难走进一段长久而美好的爱情。

作为一个长期研究社会性别、家庭社会学和情感社会学的学者，我常常会被网络上的鸡汤"毒"到，比如"家不是讲道理的地方""爱你的人一定会秒回""不要靠近男人，否则你会变得不幸"……这些鸡汤通常都是拿个人的经验谈表面的现象，有时候适合你，但更多时候会带偏你。

比如，"家不是讲道理的地方"这个观念被广泛地接受，那么这个观念有没有一定的道理? 有。如果某人很爱你，的确会更愿意容忍你的无理取闹，因为爱，所以我们愿意为对方妥协。但是，这个观念也非常有害。因为无理取闹从来只能消耗爱，而不能积攒爱。不断妥协的背后是爱的疲惫,如果不能同时增加爱,那么当爱被消耗完的时候,关系也就结束了。到那个时候,不要说无理取闹,可能他/她会觉得你连呼吸都是错的。所以,感性的世界需要理性来保驾护航。

还有"爱你的人一定会秒回",如果你相信秒回是爱的表现,那你很可能会错失一个有事业心的人。因为认真工作的人在工作时间是无法做到秒回的,他甚至可能做每一件事都很专心,包括玩游戏。但这意味着,他和你恋爱的时候也是很认真的。所以,如果你觉得秒回的人才是真的爱你,那以后也不要抱怨对方"没有上进心"。

类似这样的鸡汤只是描述了现象,有些鸡汤甚至极端化了某些现象,但没有真正把握事情发展的逻辑,也没有全面地认识人性。**爱情问题本质其实是认知问题,而不是技巧问题,只有认清背后的规律,改变认知,才能打开对爱情的想象,才能经营好爱情。**

所以,为什么经常有朋友感叹:道理我都懂,但是依然过不好这一生。很可能就是因为你只懂了表象,而没有明白背后的底层逻辑。要真正懂一个道理,首先要认识到:没有一个道理能放之四海皆准,我们需要做的是了解道理背后的规律和事物的本质。而这一点,我觉得社会学能很好地帮助大家。

法国社会学家布尔迪厄认为,社会学是在说明群体如何发挥作用,以及如何利用能够控制群体发挥作用的规律。也就是说,通过社会学,你会知道这个世界或者说规律是怎么影响你的;而当你了解这些规律以后，才能够更好地去规划自己的人生，更好地遇见爱情，维护爱情。

人的情感并不是本能的反应，我们的情感反应其实是在社会文化的影响下被形塑出来的，而爱情成为一种日常生活中的重要情感其实才仅有100年左右的历史。从五四时期至今，爱情经历了一个降维过程：最开始，爱情是一种挑战社会隔离的力量，爱情与自由意志相关联，具有一种解放力；到如今，已经不存在这种解放的诉求，爱情成为一种自我独特性与自我价值的确认。

这种改变一方面使得爱情变得更接近吉登斯说的"纯粹关系"，但另一方面也是今天爱情变得更为艰难的原因。因为今天的爱情不得不处理自我和他者、感性和理性、激情和长久等相互冲突的关系。爱情被视为超越理性的存在，它最迷人的一面就是它的感性和激情，可一旦爱上一个人，你可能会吃醋、不自信、讨厌自己甚至失控，因此与甜蜜爱情相伴而生的是对自我的不可控，甚至有人会发现自己都不认识自己了，自己都不能接受自己也有这么愚蠢的一面。

爱情带来的巨大不确定性——不确定伴侣会不会一直爱我，不确定自己是否值得被爱，不确定两个人能不能持续走下去，等等——是过去"父母之命，媒妁之言"的婚姻排斥爱情的原因，也成为今天人们考虑爱情和婚姻关系的障碍。

在过去社会发展较慢的时代，人们的生活非常稳定，所以追求爱情是获得不确定性和非凡人生的一种途径与体验。然而，不确定性本身就是今天现代社会的一个重要特征，社会每时每刻都在变化，年轻人已经身处在不确定性非常强的环境中，尤其是大城市的年轻人，巨大的工作压力和对未来的担忧使得他们在私人生活中并不想再去挑战这种不确定性，而是希望在日常生活中抓住一些确定性的东西，以此来获得安全感。

所以，面对爱情带来的不确定性，我们在研究中发现年轻人会通过选择单身或者在恋爱时用量化指标以示对抗。

选择单身的年轻朋友强调"不婚不育保平安"，享受独处单身的生活。他们经常会说：买买买"不香"吗？游戏"不香"吗？他们通过消费去获得自我的独特性，从而解决自我认同的问题。也会有一些年轻朋友通过虚拟的恋爱，比如追星、磕 cp[1]、纸性恋（和二次元中的虚拟人物恋爱）等"代餐"，既能感受恋爱的快乐，又避免了自我被评价。而对于仍然想要进入真实婚恋关系或已经身处婚恋关系中的人，大家则试图通过一些量化的指标来增加婚恋的确定性，比如相亲时交换彼此的学历、户籍和财产状况，以此来确保自己未来婚姻生活的质量，恋人间偏好用转账等仪式性的方式来衡量对方的爱等。"感情"很不确定，但是这些量化指标是确定的，既然不能保证感情的长久，那就先保证这些能当下确定的东西吧。

---

[1] 磕 cp：对自己喜欢的屏幕情侣或虚拟情侣表示支持的意思。

为了避免那些不确定性，年轻人把爱情变成一个确定性的东西，这个方向其实在本质上与爱情是背道而驰的，越是这样就越难获得理想中的浪漫爱情。

爱情在今天，是勇敢者的游戏

　　在这里，我并不想批评现在的年轻人变得更加保守或者倒退了，选择确定性的这些条件，其实是年轻人对现代社会的一种应对。尤其是"996"的工作方式占用了年轻人大部分的时间和精力，爱情就变得更加艰难了。

　　我们需要明白，**爱情在今天这个时代变得越来越"不合时宜"，它有非常多的不确定性，也很难追求效率，甚至不能用"成败论英雄"，所以，今天爱情越来越成为一个勇敢者的游戏。**

　　但我依然鼓励大家尝试做这样的勇敢者。因为绝对的安全，意味着没有任何挑战或发展。在一个不确定的社会里，如果你要去追求确定性，那么只有一条路：尽量保持不变，减少和外部的联结。可这样的话，你的世界会变得很小、很单一。

　　而在这个充满不确定性的时代，爱情的真正目的是让你踏上寻找真正自己的旅程，然后通过碰撞，不断形塑自己，与他人建立联结，然后打开你的世界，打开你对生活的想象，体验有趣的人生。爱情是某种意义上的奢侈品，这种奢侈品不区分你的背景、经济实力等，它重视的仅仅是你的勇敢程度：你是否愿意把自己打开，与他人联结？

更为重要的是，亲密关系对于今天的我们而言变得越来越重要。社会学有一个关于幸福拐点的研究，随着物质水平的提高，物质能带给人们的幸福感的边际效应是逐步减弱的。贫穷的时候，一碗大排面、一件暖和的大衣都能让人感觉到幸福；富裕的时候，美食鲜衣不再带来巨大的幸福感，甚至人们开始通过"断舍离"来寻求内心的平衡。这个时候，最能让人感受到幸福的，就是人与人之间的亲密关系，而爱情就是最让人感觉快乐和幸福的途径之一。

所以，爱情虽然很难，但依然有人在孜孜追求；爱情虽然麻烦，但依然有人乐此不疲；爱情虽然不稳定，但依然具有永恒的意义。爱情是需要学习的，而具体学什么、怎么学，是随之而来的新困惑。

这就是为什么我花了一年的时间来做一门"社会学的爱情思维课"，又花了一年时间把它变成一本书。我想要把爱情背后的底层逻辑和大家说明白，也想把具体的方法带给大家。**在这本书里，我会带着你用社会学的思维重新解构爱情，从理论到实践，从问题到方法，从认知到技巧，我们来一一破解爱情的迷局，我们一起来认识新时代的爱情图景，我们一起来成长为更好的我们。**

在这本书里,你能收获什么

第一章,我会帮助大家理一理为什么今天爱情显得如此艰难,为什么今天我们还需要爱情。我们提出了爱情新旧脚本的概念,相信能帮助大家理清爱情的底层逻辑,跳出爱情的误区,顺利开始一份美好的爱情。

第二章,进入具体问题的解决:怎么样才能顺利地"脱单"?女性能否主动?如果原生家庭不给力,我们怎么走出原生家庭获得更好的爱?爱情其实并不是目标,而是我们对他人打开好奇心以后的结果。

第三章,聊聊差异,从相爱到相守,如何看待和处理差异是核心问题。处理好差异,不仅能赢得爱情,对其他的亲密关系和人际交往都会很有帮助。

第四章,谈的是我、你和我们的边界。相爱的两个人会有一个美妙的"我们"出现,但是,我们依然要在爱情中保持你我的边界,才能处理好金钱和事业等问题,才能更有助于个体的发展和生活的美好。

第五章,分析了如何维护长期关系。长期关系的经营逻辑和初期关系不同,只有走出误区,才能更好地处理冲突和性的问题,才能学会给予,感受爱的快乐和幸福。其实冲突并不可怕,拥抱是身体和身体的碰触,而冲突是灵魂和灵魂的碰触。

第六章,直面关系中的危机:日久生倦、分手失恋、出轨、家暴、恐婚等危机如何化解？如何让负面的问题变成成长的台阶？人生总是会遇到一些不可预见的困难，才让我们成熟起来，看到自己的不同面。

最后，回到爱情的本质，它其实是对他人的好奇心，也是无条件的给予。好的爱情不是没有你我活不下去，而是因为爱情，我们变得更好。

这本书从爱情谈起，但是不局限在爱情领域，我希望打开大家对亲密关系的想象，当你改变了对差异、你我边界的认知时，你会发现我们和朋友、家人，甚至工作伙伴的相处，都能更积极、更和谐、更愉悦。

好的亲密关系是我们成长的途径之一，也是我们感受幸福的重要部分，所以每一份爱情无论成功与否，只要你能从中得到成长，这份感情就是有价值的。我们在相爱的过程中学习爱的能力，我们通过爱情弥补过去情感教育的缺失。希望这本书能给你一个全新的学习爱情和体会爱情的视角。

下面，就让我们从了解"爱情脚本"开始，开启这趟认识爱情、学习爱情的旅程，做这个时代的勇敢者。

目录 contents

Chapter 1
我们这代人的爱情新问题

01 • 爱情新旧脚本：为什么今天爱一个人变难了 · 004

02 • 替代成本：今天，爱情让我们获得什么 · 021

03 • 爱情四象限：今天好的爱情是什么样子 · 031

04 • 契约与风险：今天可以不要婚姻吗 · 040

05 • 每天 30 分钟的爱情：现代女性的事业和爱情 · 048

Chapter 2

新脚本里如何进入爱情

06 • 亲密关系谱系:"母胎单身"如何进入爱情·059

07 • 爱情新脚本中存在 Mr. Right 吗·070

08 • 梯度理论:A 女如何进入爱情·082

09 • 新脚本下的女性如何主动追求爱·091

10 • 如何走出原生家庭进入爱情·101

contents

Chapter 3

新脚本里，爱的能力等于处理差异的能力

11 ● 两性之间天生有差异吗·116

12 ● 差异的价值判断：爱情"死得快"的本质·127

13 ● 三个方法减少价值判断的伤害·135

14 ● 价值底线：什么是"三观一致"·144

15 ● 差异的价值：如何让差异促进爱·152

Chapter 4

"我们"和我：爱情的联结和自我的独立

- 16 独立和联结的矛盾：爱情新脚本里的独立自我 · 163
- 17 权利、责任、利益统一：区分你、我、我们 · 175
- 18 亲密关系的外显：爱情与金钱 · 188
- 19 福利、自由和德行：爱情不是零和游戏 · 201

contents

Chapter 5

爱情新脚本里的长期关系

20 • 加法关系：和亲情不同的长期爱情·214

21 • 长期关系里的三大错误努力方向·225

22 • 失去价值的处女情结：长期关系里的性·237

23 • 底线和琐事的二八原则：长期关系里的冲突·250

24 • 婚姻里的代际关系：从两个人到两个家庭·260

25 • 亲密关系的集合：两性关系之外的亲密关系·269

Chapter 6

长期关系里的危机

26 • 日久生倦：除了忍受和分手还有第三条路 · 281

27 • 跳出家暴：别把控制当成爱 · 293

28 • 出轨：不一定宽恕，但一定放过 · 303

29 • 恐婚：不入虎穴，焉得虎子 · 314

结语：爱情是勇敢者的游戏 · 325

Chapter 1

我们这代人的爱情新问题

我们在和具体的人恋爱之前,
首先需要理一理你的爱情模式,
也就是我们说的爱情脚本。

我在复旦大学开设的课程，大部分围绕社会性别、家庭、亲密关系等内容，这些内容或多或少都与爱情有关。很多同学课后也会向我咨询爱情方面的问题。总结一下，大家关于爱情的困惑，无非以下三种：

第一，不知道怎么开始爱情；

第二，不知该如何化解爱情中的种种难题；

第三，无法走出失恋，觉得人生再也没办法遇见美好的爱情。

我是社会学系的老师，当你遇到爱情困境时，我很少会用"你很好啊，以后会有更好的"这种话来鼓励或安慰你。我一定会先告诉大家，你遇到的爱情问题也许很普遍，不一定是你个人的性格问题，也不一定是对方的人品问题，更不一定是原生家庭的问题，所以先不要急着责怪自己、他人或父母，而是先反思一下我们的爱情脚本。这个时代给我们的爱情脚本真的很难，在爱情中遇到问题是再正常不过的现象。

大家可能第一次听到"爱情脚本"这个词，但是，它对每个人爱情实践的影响是非常大的，几乎起到了决定性的作用。社会学家戈夫曼在《日常生活中的自我呈现》一书中提出了"拟剧论"的概念。他说，其实我们每个人都是生活在某个舞台上的演员，我们的所思所想、我们的行为举动都受到剧本的影响。另一位社会学家涂尔干的研究也证明了个体的行为并不完全是自发的，整个社会是先于个体存在的，社会先有一套规范存在，然后这些规范时时刻刻在影响个体，不同的规范组合出不同的脚本，个体的行为因此有了差异。所以，你以为自己在做自主的选择，实际上每一个选择背后都有一套文化体系在影响你。

这一章，我们就爱情脚本展开讨论，把爱情的本质问题和相关误区以及人们对爱情和婚姻的理想梳理清楚，这样才能对具体方法展开探讨。

♥ ♥ ♥ ♥ ♥

01

爱情新旧脚本：
为什么今天爱一个人变难了

你的爱情脚本符合逻辑吗

我的朋友小 A 今年 28 岁了，经常和我感叹："谈恋爱太难了""总是遇不到合适的""遇到的都是奇葩男"。在她口中，她的前男友就是个典型的"奇葩直男"，属于那种为热水代言的男人：生病了多喝热水，来例假了多喝热水，头痛也要喝热水，反正有啥问题都喝热水。

去年，她跟她男朋友分手了，起因是对方在情人节的时候没有任何表示，让她很生气。但是她忍了，觉得自己还要扮演好女朋友的角色。结果到了三八妇女节的时候，她的男朋友来了一句"妇女节快乐"。她肚子里的火噌噌地往外冒:"我怎么就成了妇女?你情人节不过,来跟我过什么妇女节啊?"然后她男朋友就回她说:"你都20多岁了,那就是妇女啊,你还以为自己年轻着呢。"因为这句话,她一怒之下就跟男朋友分手了。(我每次讲这个故事的时候,身边总有年轻朋友说:这种男朋友还不分手?留着过年啊?)

第二年春节回家过年,她一个亲戚给她介绍了一个同样在上海工作的青年。这个青年到她家时,穿了一件旧夹克衫,拎了一袋坚果,然后带她去了一家嘈杂的餐厅,聊天的时候询问了她的收入和工作情况。她心想:这些亲戚是从哪里找出了这样的"奇葩"啊?聊完以后坚决表示,不能跟他继续处下去。

结果她的亲朋好友都不能理解,觉得这男生挺好的啊,同在上海工作,年龄相仿,职业也不错,你怎么就不能接受呢?

我听了她的经历后,一点也不同情她,反倒批评她:"你别以为你自己是个独立女性,其实你跟你妈以及你那些七大姑八大姨也差不了太多。"**我们的长辈,他们的人生有一个确定的脚本:什么时候谈恋爱,什么时候结婚,什么时候生孩子,在哪里工作,每个人都按照这个确定的模式走,努力去符合这个模式要求的角色。**

今天的独立女性,我们不再接受这样固定的模式,我们希望自己来选择在哪里工作,要不要结婚,和什么人结婚。可是,你一谈恋爱,你也在走一种模式,而不是真正在谈一份感情。比如,你为什么不问问看,他那么关心你的收入和工作,是因为他很功利，还是因为他这次相亲就是奔着结婚去的？他穿旧夹克是不把这次相亲当回事，还是他的确不注意外表？他拿的坚果礼盒是随手从家里拿的，还是他的确觉得坚果很健康，是一份不错的礼品？

我的一连串追问，把小 A 问蒙了，她说："我从来没想过要问这些问题啊，我就是觉得他不符合我的要求。"

我继续追问："你跟一个具体的人谈恋爱，难道不应该问问他是怎么想的吗？就像你和前任分手的时候，你都不问问对方原因，就直接觉得'妇女'这个词让你不舒服了，难道不是因为在你的刻板印象里，'妇女'就是个不好的词吗？也许对方是把三八妇女节当作一个尊重女性的重要节日，才祝你快乐的啊。"

小 A 说："你有点把我问醒了，我的确没有这么思考过。我就是觉得你只有遇到一个真正懂你的人才是最合适的。否则，恋爱就没办法谈。"

我又接着追问："那你谈恋爱谈的是什么？是找一个人来符合你的爱情理想吗？你的父母辈有一个婚姻模板，你也有一个爱情模板，你不觉得你和你的长辈其实差不多吗？唯一的差别是他们明确地说出了自己的模板，而你还不清楚自己的模板。如果找一个人来符合你的爱情模板，那他不就成工具人了？"

小 A："那我也可以符合他的爱情模板啊。"

我："那你问过他吗？你好奇过对方对爱情的想象吗？"

小 A 笑了，说："我知道自己的问题在哪里了。我从来没有关心过他们是怎么想的，我只是觉得所谓的缘分就是找到一个'懂我'的人，而所谓'懂我'其实就是符合我的爱情模板。"

那次聊天其实我不是特别礼貌，因为是朋友，我就直截了当地质问了。之所以有这一连串的质问，是因为我过去在做爱情和婚姻研究时碰到太多人，觉得对方和自己的想象不一样，一言不合就分手，甚至还给对方冠上"渣男""渣女""奇葩"等标签，然后感叹：好男人/好女人都去哪里了？

老是问你喝不喝热水的"直男"就是低情商，不能要！

你竟然没给我转钱，你不够爱我，不能要！

我的生日，你竟然忘掉了，你肯定不爱我，不能要！

…………

我们不知道好的爱情是什么样的，但是我们的爱情模板里有太多"不好"的标签，这些"不好"或"不爱"的标签越多，你就越难拥有一份好的爱情。

走出这种模式的方法是多好奇地问问：为什么？当你追问的时候，你就会看到一个具体的人，他为什么这么想，为什么这么做，很可能和你认为的情况是完全不同的。而如果我们陷入了一个爱情模式，甚至有可能你的恋爱模板还是互相矛盾，那么谁来都不合适，然后我们就会感叹：这世界上根本没有好的爱情。

所以，我们在和具体的人恋爱之前，首先需要理一理你的爱情模式，也就是我们说的爱情脚本。

为什么谈一份感情,要先考虑脚本问题?

因为,你在现实中遇到的任何问题,背后都有一个更宏大的社会机制在影响着你。如果不能跳出这个机制去看待问题,人会很容易被它裹挟着往前走。正如法国社会学家伊娃·易洛斯说的那样:"今天个人生活的失败并非缘于我们的心理弱点,而是社会结构的安排,导致了我们变化无常、多灾多难的情感生活。"通俗一点说,"人生在世,全靠演技",如果你拿的剧本不够好,即使演技再高,也很难演好这部剧。

面对爱情亦是如此。所谓的爱情脚本,就是由经济基础、社会文化构成的一整套关于爱情的机制,它决定了你在什么时间段遇上一个人是合适的,什么样的人是最适合你的伴侣,什么样的感情是被大家看好的,哪种感情生活是得到所有人赞赏的……

从表面上看,是你自己在做选择,其实选择背后有一个大的脚本,决定你如何做出所谓的"正确选择",尽管它不见得是最有利于你的,也不一定是你内心最想要的。

我们可以催婚,但爱情是没有办法通过催促而产生的。因为爱情是你在对一个人产生好奇以后,自然而然发生的结果,它不是可以设计的一件事。

为什么今天"脱单"这么难?为什么我们老遇到不合适的人?很可能是因为我们搞错了因果关系,我们总觉得找到一个符合我们爱情模式的人,爱情就开始了。实际上,只有跳出爱情模式,才能遇到一个独特的个体,让我们产生好奇心,让我们忍不住靠近,最终彼此吸引。

所以,让爱情不再那么难的第一步是首先理清我们的爱情脚本,看看它有没有矛盾的地方,看看这些爱情脚本真的符合爱情逻辑吗?

爱情新旧脚本的冲突

今天,我们在讨论爱情时,"爸妈催婚"成为多数人遇到的普遍难题。

我们与父母因为爱情观念的不同而发生冲突,不是因为父母不爱我们,而是我们两代人拿到的脚本是不一样的。很多父母拿的是爱情旧脚本:到年龄就应该结婚生子;男方一定要比女方挣钱多,年龄大;要男主外,女主内;找个老实人比较重要,最好这个老实人的其他条件比如学历、工作都胜过隔壁老李家找的女婿……

而处在当下时代的我们,相较父辈来说,独立意识变得更强了,很多时候,我们一个人也能生活得很好。由这样的社会心理环境所催生出的爱情新脚本,不再把婚姻看作人生的必经路途,而是一种选择。结婚能让我过得更好,我才结婚;在两个人的角色分配中,比起传统的"男外女内",我们更强调要各自成长;在评价体系上,由于我们身处流动性强的陌生人社会,所以爱情好不好，靠的是理直气壮的"不要你觉得，而要我觉得"来判断。

关于爱情新旧脚本，南京大学翟学伟教授有一个很有意思的观点，他认为今天中国社会存在两种不同的婚姻模式：一种叫**缘分婚姻**，另一种叫**爱情婚姻**。

缘分婚姻强调偶然性。过去中国人说婚姻是命运，是缘分，"百年修得同船渡，千年修得共枕眠""有缘千里来相会，无缘对面不相识"。总而言之，两个人之所以会在一起过日子，是因为前世的功德，而不是这一世的努力。那怎么确定前世匹配好了这一姻缘呢？很简单，"媒妁之言，父母之命"，重点看生辰八字，生辰八字匹配就说明"有缘分"。在缘分婚姻中，我们没那么在乎对方的吸引力，如果一个男性因为嫌弃妻子变老变丑而想休妻，肯定会遭到道德批评，因为"糟糠之妻不下堂"；如果一个男性秃顶了，有大肚子了，他的妻子因此抛弃他，这在中国人看来也是特别奇怪的。

过去，我们在婚姻里的容忍度特别高，婚姻的内部感受没那么重要，我们更注重别人怎么看。即使夫妻在家里打破头，哪怕夫妻已经没感情了，在外面还是想要维持美满婚姻的假象。在缘分婚姻里，我们生发出一种能力叫作"息事宁人"。有矛盾了，内部调解一下，劝和不劝离，能把日子过下去就好。

但是，年青一代受到"浪漫爱情"的影响，崇尚的是"爱情婚姻"。爱情婚姻特别强调内在性，夫妻双方的自我感受决定了婚姻的存亡。爱情婚姻需要经营，需要双方努力维护。比如最著名的斯腾伯格的爱情三角理论[1]，强调爱情中的激情、亲密关系、维持爱情的决心等都是内生性的，它要求你在爱情里努力投入，两个人要为爱保鲜。所以在西方人看来，"性感"是个非常好的词，夫妻为了保持性感，会用上香水等情趣物品。

在爱情婚姻中，个体的感受是最重要的。爱情存在的目的是让个体感受到快乐和幸福，如果不能快乐和幸福，婚姻马上就失去了意义。所以年青一代很在乎自己的"感觉"。

爱情的脚本和我们对婚姻的想象紧密相连。比较下来你会发现，缘分婚姻存在的社会背景是中国"家庭主义"占主流的时代，两性关系的出发点是家庭利益至上，所有的选择都是基于怎么让共同组建的家庭变得更好。而爱情婚姻存在的社会背景是中国个体化的时代，每个人依靠自己的选择来形塑生活，所以两性关系的出发点是个人的利益，首要考虑的是"我怎样才能从婚姻中受益"，而非怎样让家庭利益最大化。这两种模式的运作逻辑是不同的。在翟学伟看来，缘分婚姻是一种减法婚姻，它给日子设定了目标，我们最终一定要走到这个点上，日子是一天天删着过的；爱情婚姻是一种加法婚姻，没有目标，不必非得走到哪里，爱一

---

[1] 爱情三角理论是罗伯特·斯滕伯格于 1986 年提出来的，他认为爱情由三个基本成分组成：激情、亲密和承诺。激情是指性的唤醒和欲望，是情绪上的着迷；亲密是指在爱情关系中能够引起的温暖体验，包括亲近感、关系感、一体感等；承诺是指投身于爱情和维护爱情的决心，包括确定在一起和长期都要在一起。

天就维护一天。

这两种脚本共存于现代社会。我们今天的现代化被称为"压缩的现代化",因为我们用几十年的时间完成了西方国家几百年的经济发展进程。经济发展可以加速,但文化发展是有滞后性的。这就导致了一个有点特殊的现象——拿着不同爱情脚本的人,共存在一个社会环境里。

更麻烦的是,今天年轻人的爱情理想是两种爱情脚本的结合,我称之为"命中注定我爱你"。大家非常在乎爱情里的自我感受,强调美妙的激情,强调个体的吸引力,但同时强调缘分,希望这份感情是命中注定的,比如最近很流行的"三生三世",两个人早已缘定三生。

然而,新旧脚本之间存在巨大的差异和矛盾。**既想要旧脚本中天长地久的稳定,又想要新脚本里拥有的激情,这种互相矛盾的选择逻辑让爱情的实践变得困难重重。**所以,怎样平衡新旧脚本之间的冲突,成为我们探讨爱情、走入爱情时,首先需要面对的问题。

我给大家的建议是,当你在爱情中遇到问题时,要先想想,你的爱情脚本是什么?你的爱情脚本更符合传统社会要求还是现代社会要求?脚本所崇尚的价值观是不是你所认可的?脚本给你的角色设定,你能否演好?在这个思考的过程中,学会去平衡各种意见,从而逐渐在新旧脚本之间找到第三条路,即属于你自己的爱情脚本。

爱情新旧脚本的性别冲突

在找寻自己爱情脚本的路途中,你会发现,除了要平衡爱情新旧脚本之间的冲突,我们还需要了解男女在爱情新旧脚本中的差异。因为男女在爱情中对角色期待的错位,同样导致我们今天的爱情变得困难。

在爱情旧脚本中,男女在婚姻和家庭中扮演的具体角色是有明确规范的。因此在传统社会,冲突主要来源于个体和角色之间的差异,比如一个不擅长手工的女性可能因为做不好女红而苦恼,而一个性格温柔的男性可能因为扮演不好严父而被指责。所以,在家庭主义的文化中,个人特质和角色的冲突是主要的问题,结婚后的男女需要符合社会对他/她的角色期待,而不是体现其个人的独特性。

但在爱情新脚本中,个体的个性和人格魅力变得更为重要,爱情是通过双方有创造力的方式经营出来的,不存在固定的角色,每个人都可以自己选择是否要结婚,婚后成为什么样的丈夫或妻子、女婿或儿媳妇,以及为人父母。所以,现在婚姻家庭的痛苦是彼此"性格不合""三观不一致"。

在这一变化过程中,男女两性的角色变迁道路是不同的。张李玺教授在《角色期望的错位》一书中提到,今天的婚姻冲突主要来自性别角色期望的错位:女性对自我的角色期望发生巨大变化的同时,社会对女性仍然持有传统的角色期待,而男性角色无论是自我还是社会角色都仍然维持原有状态，两性之间的角色不再匹配。让我们具体展开来分析。

在传统的角色期待里，男性是挣钱养家的角色，是家里的权威，不需要做照顾家人的日常琐事；而女性是被保护者的角色，由于不具备挣钱养家的能力，所以在家里的分工，通常是全心全意地照顾家人，同时要有顺从、牺牲的精神。

而在当下，我们会发现，**男性的脚本几乎没有变化**，主要任务依然是挣钱养家。房价的居高不下，甚至强化了男性的传统角色，因为他们需要付出更多的努力去增加自己的原始积累。需要强调的是，社会普遍对男性在爱情中所扮演的角色有所改变的期待值并不高。由于传统婚姻的"男主外，女主内"的模式在现代社会中是让男性更为受益的，男性只需要承担事业发展的任务，和他今天的角色比较吻合，因此，男性的改变动力是不足的。

相比之下，**当今女性所面对的，却是一个"双重负担"的爱情脚本：**既要人格独立，在工作中取得一定成绩，又被要求在家庭中吻合传统社会所期待的角色，承担更多的家务劳动。尤其是女性在过去被看作"从属于家庭"的人，以家人利益和生活节奏为生活重心，自我的利益和需求放在第二位。今天的女性发现了这种模式的压迫，所以她们努力改变，强调"自我"的发展。而男性并没有这样的认识。今天的女性更想进入新脚本，想要个体的独立自主，而不是去符合旧脚本中的角色，因此，**女性改变爱情和**

婚姻脚本的动力更强。

如何让爱情和婚姻同样符合女性的利益,是新时代独立女性的诉求,"遇见更好的自己"这种话语体系的流行说明今天女性对自己的定位已经不满足于贤妻良母的角色,而是希望更能体现自我的独特性和自主性。

两性之间角色脚本变化的不同路径导致的差异是两性在匹配过程中隐藏的大问题。

在爱情中,我们不能只要权利不要责任

爱情中更麻烦的是,我们自己的角色脚本变化了,但是我们对另外一半的期望并没有改变。我想提醒大家的是,不要简单地认为爱情旧脚本就是不好的,新脚本就是好的,对男女双方来讲,这两个脚本其实都有吸引人的地方,也都有制约的地方。

于男性而言,爱情旧脚本里的女性角色是温婉贤惠的,他们渴望这样的妻子;而在新脚本里,独立自主、文化程度高又有工作能力的女性,同样是他们喜欢追求的对象。于女性而言,希望另一半有爱情旧脚本里的挣钱养家能力,具备比较好的经济实力;与此同时,有自主意识的我们,也希望男性具有爱情新脚本中的平等意识,允许女性在亲密关系中拥有更多的话语权和自主性。

所以,在择偶中,男女的选择标准常常是双标的,希望同时

拥有新旧脚本的好处而不承担其责任。比如有些男性觉得女性就应该是感性的、温柔的，愿意全心全意地为家庭服务，但他自己不见得能做到传统男性的标准——他来挣钱，他来养家。同样，有些女性标榜着独立，希望自己能和男性一样平等发展，少承担家庭责任，但是又要求男性必须挣得比自己多，房产证上一定要写自己的名字。这些都是典型的"只要权利不要责任"式双标。

所以，想要解决爱情脚本中的角色冲突，就必须理清男女脚本的不同。我们需要把对个体"渣男渣女"的抱怨转变为对个体不同情况的了解。爱情新旧脚本的混杂是现代爱情中两性都需要反思和改变的，男性尤其需要改变。

如何应对爱情的"难"

面对今天爱情的"难"，首先需要梳理的是每个人的新旧脚本。

爱情旧脚本脱胎于"缘分婚姻"：强调偶然性，缘分最重要；强调外在性，一定要结婚，完整的家最重要；强调长久性，天长地久的减法婚姻是理想；强调男主外、女主内的角色，个体要努力符合角色要求；强调男尊女卑的关系。

爱情新脚本源于"爱情婚姻"：强调个体努力，只有通过双方的努力才能经营好爱情；强调选择的意义，是否结婚，和什么样的人在一起是个体生活方式的一种选择，无所谓好坏，个体能承担自己选择的后果即可；强调关系中的平等和发展，理想的爱情和婚姻一定是让双方变得更美好。

老一辈能坚持缘分婚姻、接受爱情旧脚本是因为他们在婚姻里追寻的不是个人幸福，而是传宗接代、光宗耀祖等家庭整体利益，所以他们会努力去符合角色的要求，因为这样能让家庭利益最大化。

年青一代必然会走进爱情新脚本，因为今天生活的目的，同样包括结婚的目的都是追求个人幸福，爱情的重要性在于它能让我们个体感受到激情和快乐，而不再是传宗接代。但是，我们依然会羡慕白头偕老，我们依然渴望稳定永恒的爱情，依然会遵循某些刻板的性别分工。

男女都希望把新、旧两个脚本里对自己有利的方面放进自己的爱情脚本，而把不利的方面排除出去，这种趋利避害的倾向本身无可厚非，新旧脚本的混杂和男女脚本的冲突并不是批评一方"直男癌"或另一方不守妇道就能解决的。爱情问题的解决、两性关系的和谐需要我们更有智慧地去面对。

我给大家的建议是，**首先要放下贪心的想法，梳理自己内心的犹豫不决，然后重建自己的爱情脚本。每个个体都可以打造适合自己的爱情脚本，它不一定是完全的新脚本或旧脚本，但这个脚本本身一定不能互相矛盾，不能双标**。如果女性希望男性承担挣钱养家的角色，那么女性的爱情脚本也应该要求自己承担家庭内的分工；男性希望女性能有主见、经济独立，那就不能认为女性承担家务是理所当然的，男性也需要承担至少一半的家务劳动。

想要做到这点并不容易，本书第一章、第二章的内容都在帮助大家跳出误区，再通过实践，个体才会越来越明确地知道自己的爱情脚本到底是什么，这个脚本是不是真正符合内心需要的，并且能够实现的。

其次要调整对爱情和伴侣的期待。

在传统社会，婚姻是一个女性的全部，家庭能解决一个人大部分的问题，但是对今天的两性来说，爱情和婚姻都只是人生的一部分，它只能解决一部分问题，而不能解决所有问题，所以爱情并不能拯救人生。我们不能把所有理想的实现都寄托于爱情和婚姻中。

同样，一个爱人也不能拯救我们。当亲密关系出现问题的时候，不要一味地认定是对方的错，也可能是你们双方拿的爱情脚本不一样。如果是这种情况，就需要你们在新旧脚本和各自的脚本中做到平衡，看看两个人是不是可以在关系中找到双方都认同的合作模式，而这一部分的调整需要我们改变对差异的认知，明确独立与联结的边界，本书的第三章、第四章就是在解决这方面的问题。保持平等和尊重的协商精神是现代爱情脚本的要素之一。

最后我想特别提示女性朋友：不要内化歧视。正如戴锦华教授所说，社会很多时候对女性是不公平的，对女性的歧视也是真实存在的，但女性自己不要内化这种歧视的论调。我们要有意识地跳出那些禁锢。而爱情新脚本最大的好处，就是自主权回到我们个体手上，女性完全可以在新脚本中找到适合自己的爱情。我也要特别提示男性朋友：你们不仅要反思自己的爱情脚本，而且还需要步子大一点，尽快跟上女性在情感领域的发展，尤其是在亲密关系中的平等意识，也许你比自己想象中的更加男权。放下父权体系赋予男性的一些利益，才能获得现代平权体系的轻松和愉悦，好的爱情一定是让男女双方都受益的。

总而言之，社会的爱情脚本不一定适合你，新旧脚本的分割也没有那么明确，所以下次，当你遇到爱情问题时，记得先停下来问问自己，你要的爱情究竟是什么样的。但不可否认，好的爱情一定能丰富我们的生命旅程。所以，在接下来的内容中，我会反复帮大家梳理一些爱情旧脚本里的误区，以及你在爱情新脚本里经常会遇到的困惑，希望最终能帮你找到适合自己的爱情脚本。

要点回顾

我们在谈恋爱之前,首先要考虑一下自己拿到的爱情脚本是什么样子的。你和父母及伴侣在关于亲密关系中的很多差异其实都不是人品的问题,更多的是因为大家认同的爱情脚本是既有共性又有差异的。男女在爱情中对双方的角色期待,受新旧脚本不同的影响,也存在一定的冲突。今天我们的爱情之所以变得困难,在很大程度上是因为各种脚本混杂在一起,而你要在其中做好平衡和选择,找到属于自己的爱情脚本,是需要走出一些误区,通过学习来做到的。

02

替代成本：
今天，爱情让我们获得什么

上一节我讲到，爱情新旧脚本的混杂，导致我们今天的爱情格外难。很多朋友都会问我：既然爱情这么难，我们可不可以不要爱情，一个人过一生？一个人吃得好，穿得好，自己挣钱自己花，为什么还要爱情？他们平时不觉得自己需要爱情，只有一种情况例外，那就是生病，一个人去医院，要自己排队，这时才觉得要是身边有个人陪就好了。

这也是现代女性的典型困惑：一方面经济独立，享受自由；另一方面在某些时刻特别需要陪伴，渴望爱情。我们到底要不要为了某种依赖而放弃自由？这就引出了本节的话题：今天的爱情还有什么好处，还有什么意义？

我是一个女性主义者，从不觉得人生里有什么事非得让男人帮忙解决，也并不觉得爱情是人生最重要的部分，但我真的经常鼓励身边的人好好谈一次恋爱。我感受过爱情的美好，也特别希望更多人能够体会。我是专门做亲密关系研究的，我在研究中发现，可以通过三个层面来帮助大家了解爱情在当下的意义。

今天，我们为什么要追求爱情

第一，爱情是发现自我和找到自我价值的过程。作为一名70后，我是看着琼瑶小说长大的。琼瑶小说常见的爱情脚本是一个女人同时面对两个男人——一个有钱，一个贫穷，最终她会爱上贫穷的那个。90后从小看的爱情故事就不一样了，霸道总裁才是男主角，所有爱情剧都在告诉你，女主角并不爱他的钱，甚至不断拒绝他的钱。既然女主角不要霸道总裁的钱，为什么又要把男主角塑造成霸道总裁呢？这背后有个很重要的原因：一个霸道总裁，身边美女如云，可他谁都不要，只要你；另一个穷小子，身边所有美女都不想要他，他只能选你。两相对比，你的自我价值不一样了，霸道总裁选择你，你的自我价值才更高。

其实，不论琼瑶时代还是霸道总裁时代，这种选择背后真正的逻辑标准都不是金钱，而是自我的独特性。哲学上有个概念叫自我的确定性，伊娃·易洛斯说，在日常生活中自我很抽象，所以人们要用"有人爱我吗"来替代"我是否存在"这个问题。有人爱我,自我才会被看到,就像自我在照镜子。这就是美国的社会学家查尔斯·库利提出的"镜中自我"的概念:当讨论自我的时候,都是在设想我们在他人面前会怎么表现,我们会去想象他们对我们是怎么认识的,再根据这两者去判断我们自己是什么样子的。所以"自我"并不是一个人一出生就有的概念,恰恰相反,它是通过这种碰撞才变得清晰可见。也就是说,是社会、文化、他人的目光等外在因素确定了你的自我价值。

为什么我一直强调"爱情是自我发展的途径"?因为不通过跟他人的碰撞,其实你是很难看清自我的。我们当然每时每刻都在和他人碰撞,但是亲密关系中的碰撞常常是最根本的,所以带来的成长也是最快的。

爱情不仅能让你感受到自己的存在,还能提高自我的价值感,就像歌德在小说《少年维特之烦恼》里写的:"当我知道绿蒂爱我的时候,我就会变得更崇拜我自己,我特别爱圣坛上的自己,当我知道她爱我的时候。"

爱情是怎么实现自我的确认,提高自我价值的呢?这涉及一个凝视理论。我研究过大量韩剧,发现在爱情偶像剧里男主角凝视女主角的镜头特别多,但实际上在拍摄时男主角是在凝视镜头。观众经常会把自己代入剧情,觉得男主角也在看我,看到了我的独特,这才产生"看一部韩剧换一个老公"的现象。每个人都希望被看到,这几乎是人类最本能的需求之一。被看到、被凝视、被目光好好地爱抚，于是爱情出现了，自我也存在了。当然，这个自我不一定是完美的。英国哲学家西蒙·布莱克本说："恋爱中的人并不是字面意义上的瞎子，他们确实能看到对方的赘肉、斜眼，但奇怪的是他们不在乎这些缺点，甚至着迷于这些缺点。"

就是因为爱情能让我们感受到自我独特的价值，所以爱情能使我们从平庸的生活中脱颖而出，我们在爱人的凝视中感受到了自己的珍贵。

第二，爱情让我们与他人建立联结，激发了我们对生活的热情。 精神分析学家弗洛姆专门研究爱的艺术，发现人类作为哺乳动物与其他动物有个本质上的不同，我们会意识到自己的存在，我们是需要联结的。人失去与其他人的联结，就会产生孤独感，而孤独让人恐惧。怎么摆脱孤独感呢？弗洛姆认为最好的方法就是成熟的爱，在保持个性的前提下与他人合二为一，既保有自我的意识，又与他人形成联结。

社会学家涂尔干认为，人类总是从与他人的关系中寻求自我的意义，单独的个人并不能构成其自身意义的充分来源，他说："孤立的个人并不是其活动的充分目的，因为个人实在是太渺小了，所以当我们除了自己而无其他目标时，不可避免地，我们的一切努力都会归于无意义。在这种情况下，人类会失去活下去的勇气，也会丧失行动和拼搏的勇气。所以人类从根本上说是社会动物，我们不能将个人利益与社会割裂开来。"

建立联结对人类是非常有意义的。社会学的统计数据发现，相比单身人士，已婚人士的自杀比例更低。而有父母的，特别是有母亲的人，自杀比例远远低于没有父母。当然背后还有其他原因，但是联结能解决人类的孤独感，让生活变得更有意义。

当然也有人认为，两个人在一起感受到孤独的话，比一个人的孤独更难以忍受，但这里的问题并不是由联结带来的，而恰恰是由两个人在一起却没有建立起联结带来的。所以，我们这里强调的是好的亲密关系的特征。

美国学者齐克·祖宾在研究依恋关系时发现爱情有三大特征，其中一个必不可少的特征叫作"帮忙的倾向"。在爱情中，我们不单单是享受，还特别愿意帮对方做事，比如帮对方抄个笔记，跑个腿，明明你可以自己点外卖，但我就是要帮你点，这样的给予是爱情关系里非常重要的一部分。人有自私的一面，我希望你只跟我在一起，但是当两个人形成联结之后，给予会让这种关系更为深刻，更让人欣喜，更让我们感受到生命力的升华。一份好的爱情会让我们对生活充满激情，让我们想要尝试更多生活上的可能性。

第三，爱使性欲望升华。我在上课时经常会问女同学们：如果一个男性刚刚认识你两三天，就说你长得太美了，做我女朋友吧，你会怎么回答？大部分女生会觉得：这男人太轻浮，他只喜欢我的外貌，我不能跟他交往。但如果一个男性跟你讲：我觉得你的心灵很美，我很想跟你交往。你可能就会觉得：他这么快就看到了我内心深处最优秀的品质，他是我的灵魂伴侣。

可大家诚实地想想看，一个男人只认识你两三天，他看上你外貌的可能性大，还是看上你深层灵魂的可能性大？显然前者的可能性更大，可是你为什么拒绝第一种男性？因为我们非常警觉，认为很多男性其实是想要发生性关系，把性包装成了爱情。这个担心其实真是对爱情的一大误解。要知道，爱情从一开始就与本能相关，也就是说，人本能的性欲跟爱情是难以分割的。

亲密关系其实是个谱系，在中国历史上兄弟情是高于爱情的，爱情的主导地位是"五四"以后才建立起来的。

古人说"兄弟如手足，女人如衣服"，这当然是对女人的歧视，但它讲的是另一回事。你想想看，桃园三结义，兄弟间出生入死，感情的浓度非常高。李白动不动就说"桃花潭水深千尺，不及汪伦送我情"。那我们怎么区分兄弟情和爱情？更谈得来的就是爱情？在一起更多时间就是爱情？出生入死就是爱情？这些兄弟情也做得到。兄弟情跟爱情的本质区别就在于里面有没有性关系。你把性从爱情里面拿走，那爱情与其他亲密关系就不再有界限了。

《裸猿》的作者、英国著名生物人类学家莫利斯讲得特别好，他说人是一种社会动物，很需要爱与被爱，身体接触是亲密关系最基本的交流方式，我们需要触摸。但是在日常生活中，因为存在性禁忌，我们很担心这种身体接触会带来性暗示，所以尽可能避免发生身体接触，甚至女儿跟父亲也会尽可能地回避，保持身体距离。他认为，进入现代社会以后，人类就进入了一个情感退避阶段，我们尽可能地避免身体所带来的情感关系。但是这种阻断其实是很多毛病的起因，很多心理疾病都因此产生。在这个年代，唯一能给身体接触以正当理由的就是爱情，是爱情让我们能接受自己对另一个身体的渴望，是爱情使性欲望升华，成为一种更高尚的需求，然后我们才能接受原来自己还有身体接触的欲望，而不仅仅是动物本能。在实际过程中你也会发现，爱情真的能让性欲变得丰富多彩，更有意思。

正是因为爱情还有这些意义，所以即使经济富足，我们依然渴望爱情。那么有了以上三点，是否就意味着爱情在今天社会是不可替代的呢？很多人可能会因此攻击我，作为一个社会学学者，竟然强迫别人去谈恋爱。我一定要声明，我没有这个意思，我鼓励你走进爱情，但是我并不认为爱情是人类唯一可能成长或幸福的途径。

爱情在今天，可以被替代吗

爱情的三点意义都是可以被替代的。

第一点，发现自我和找到自我价值，可以被"搞事业"替代。 人们在工作中也必须学会团队合作，尤其是想要成就一番事业，更需要高的情商，能有清晰的自知之明，能成就自我。但不是所有人都能找到足以让你发现自我的事业，很多工作并不能持续地提供自我珍贵的价值。因此，以事业替代爱情来成就自我是可行的道路，但是这条路也并不容易。

　　第二点，与他人形成联结，激发对生活的热情，也能被替代。比如特蕾莎修女，她跟上帝建立联结，帮助很多受苦受难的兄弟姐妹找到生活的激情。可是对很多人来讲这也是很难的。我们意识到联结的重要性，常常是在父母过世以后。父母健在时，你还跟父母有联结，突然有一天他们过世了，你会发现自己像浮萍一样漂泊无依。这时你如何再去跟别人建立联结？你能不能做到像特蕾莎修女那样？这对一般人来讲同样有难度。

　　第三点，性欲望的升华，更难替代。有很多事情可以替代性带来的快感，比如游戏成瘾，但是代价很大，如果每一次快感都很容易获得，那么它一旦结束就会带来虚无，这跟爱情带来的长期联结是不一样的。

　　所以，爱情的这些意义可以被替代，但是成本很高。我们探讨爱情的意义是希望让你能更清晰地看到选择背后的逻辑，看清不同途径的代价和收获，把决策背后的机会成本都考虑进去。

　　2008年，我在哈佛大学做访问学者。我的美国人类学家导师是专门研究中国的，他对我说："今天我们讨论中国的转型，一定要考虑中国富了以后怎么办。"再结合英国社会学家吉登斯讲的，人类慢慢摆脱物质贫乏以后，就会越来越追求"纯粹关系"，到那时，我们会希望跟别人建立更纯粹的、更本质的、更情感性的联结。**所以爱情在未来很可能变得越来越重要，而非可有可无。**

我一直觉得，爱情是特别美好的。在新时代的脚本下，我们想要的爱情，是能带来自我认同、产生联结和性欲望升华的爱情。那这种好的爱情，具体有哪几种模式呢？我下一节来讲。

要点回顾

在大多数女性经济独立、享受自由的今天，爱情依然有着不可替代的意义。它可以让你发现自我独特的价值，激发你对生活的热情，让你的性欲望得到升华。尽管你也可以从生活中找到其他替代爱情的事情，比如事业、与其他人的联结、丰富的爱好等，只不过实际的替代成本会比你想象中高很多。而在未来，我们会更倾向于和他人建立纯粹的、情感性的联结，所以拥有一份好的爱情将成为我们越来越重要的需求。

03

爱情四象限：
今天好的爱情是什么样子

现代人经常会有这样的疑问：这个时代还存在长久的、美好的爱情吗？

答案是肯定的。

我研究了很多家庭，发现至少有三分之一的家庭存在美好的爱情。

一个特别重要的事实是，随着时间的流逝，爱情不是变淡了，而是出现了不同形态。很多人都存在误区，认为蜜月期的爱情才是最好的，之后所有的努力都是在维持、维护最开始的样子，如果它不一样了，爱情便不再美好。但是我研究发现，**拥有好的爱情的人，从来都不是去维持最初的新鲜感和激情，而是用非常开放的**

心态接受爱情的变化，欣赏不同阶段的美好，这一点非常重要。我们要在爱情中不断更新协调，让它拥有更多元的形态。

那么，到底什么是好的爱情？有没有具体的评判标准？这里跟大家谈谈我的现代爱情四象限理论。

现代爱情的四种类型

我们在前面讨论现代爱情的时候明确提到，人们今天觉得爱情是能带来快乐和幸福的，而好的爱情也能使人成长。所以，在探讨爱情模式的时候，我首先定义了两条坐标轴——横轴是快乐，从左到右越来越快乐；纵轴是成长，从下往上成长得越来越好。这两个维度划分出四个区域，其中享乐型关系和互惠型关系是良好的，消耗捆绑型关系是糟糕的，而成长治愈型关系是长期关系中的理想爱情模式。

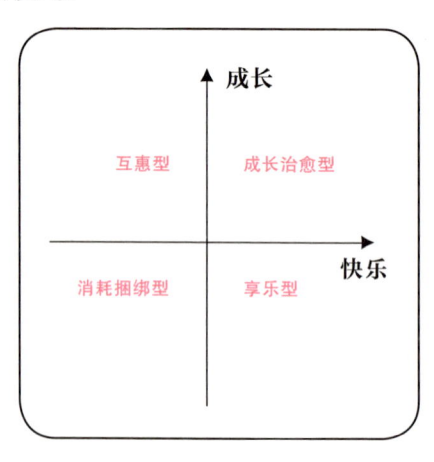

	成长	
互惠型		成长治愈型
消耗捆绑型		享乐型 → 快乐

第一种，享乐型爱情。这种爱情有激情、很快乐，但不一定带来个人成长。这里的快乐有两层含义。第一层是生理意义，我喜欢你的外表，喜欢你的味道，跟你在一起就很快乐。有一首歌叫《一见你就笑》，谈的就是这种爱的快乐。第二层是精神意义，我很想跟你一起做事，因为和你在一起做才有意思和意义。《泰坦尼克号》里有个 Jack 教 Rose 吐唾沫的情节。Rose 是非常讲究规矩和礼仪的贵族小姐，Jack 非常崇尚自由。Rose 跟 Jack 说："我希望你能教我像男人一样骑马、吐唾沫。"Jack 很吃惊："你竟然连吐唾沫都不会，好，我们现在就去甲板上向外吐唾沫。"两人在一起特别开心。这里 Jack 真的让 Rose 成长了吗？没有。但因为共同做了一些快乐的事，他们快速地坠入了情网。

享乐型爱情非常有吸引力，但核心的挑战是你能不能相信这种快乐，能不能享受这种关系。享受快乐的过程很像坐过山车，你要信任它，知道它安全，才能彻底享受那一刻的释放。但我们对快乐是很警觉的，因为理性往往会紧随快乐而来，对方的家庭背景跟我不一样，学历比我低，收入比我少……理性很快就把感性压下去了。过去的经验告诉我们，那么爱我们的父母总是说你快乐就好，但是你所有快乐的事他们都反对，告诉你快乐是危险的。小时候玩游戏，父母说不行；追星，父母说不行；只有学习的快乐能得到父母的鼓励，但是大部分人都并没有从学习里感受到快乐。因此，人们遇到快乐的爱情常常会觉得很难持续，觉得未来有风险。

尽管如此，享乐型爱情充满了激情，"情不知所起而一往情深"，它最接近我们对爱情的想象。

第二种，互惠型爱情。两个人比较互补，互相促进，但不见得充满激情和快乐。《生活大爆炸》里的谢尔顿智商很高，但情商很低，我们觉得他这辈子都找不到女朋友，他自己也不太理解亲密关系，所以在给好友婚礼致辞时他说："我从来无法理解，为什么人要穷其一生追寻与另一个人类一起生活。也许是因为我自己太有意思了，无须别人陪伴，所以我祝你们在对方身上得到的快乐跟我给自己的一样多。"但是在遇到同样高智商的艾米后，谢尔顿变了。艾米支持他做各种奇奇怪怪的事，两人的感情在互补中越来越深。所以谢尔顿在自己的婚礼上说："虽然我现在无法表达对你的感受，但我会用一生向你证明我有多爱你。"这就是典型的互惠型爱情，与外表吸引或激情无关，两人在日常相处中互相发现，使自我更加完整，生活更加广阔，感情更加稳定。一方比另一方年长比较多的爱情，往往属于这一类型。

这种关系带来一种非常重要的成长，叫作归属感的发展。归属感是人类自我发展里最重要的概念。我是谁？我能为别人做什么？我对世界有什么贡献？每个人穷其一生都在回答这些问题。而互惠型爱情让我们更加确定了我是谁，通过互补，每个人都在成长，愿意去探索更大的世界。今天，身处一个自我经常会不断被打碎、不停被否定的社会，一份好的爱情其实是在帮助我们确立自己的价值,让我们觉得其实要跟世界进行联结没那么可怕。

除了性格上的互补,互惠型关系还有其他的表现,比如硬件上的互补。影视剧里,有钱的男主角通常都不受人待见。女主角要凸显她的独立自主,所以一定是不爱钱的。但是在日常生活中,亲密关系跟金钱没有这么对立。我们爱的可能不是钱,而是对方赚钱的能力。考虑物质条件不见得就损害了爱情。某些硬件的匹配使得我们的人生更容易,障碍更少,发展空间更广阔,这也可能是一种很好的爱情。

第三种,消耗捆绑型爱情。这是比较糟糕也比较常见的一种爱情模式。在这种关系里,一般都会有一方出现强烈的控制欲。现在特别流行霸道总裁加玛丽苏的爱情偶像剧,很多人会把霸道总裁的控制欲和占有欲看成爱的表现,但这背后其实带有强迫和暴力的属性。偶像剧中的甜蜜反转在现实中几乎不可能发生。现实生活中,这种伴侣的独占欲会不断升级。

当一个人对你说"我那么爱你,你应该听我的话"时,你一定要警觉,这是不是你想要的平等关系?我给你四个标准,要是你们的关系符合其中两个条件,就要开始警觉这段关系是否正在滑向消耗捆绑型。第一,跟对方在一起后,你越来越不快乐。第二,对方总是贬低你,让你对自己越来越不满意,而且你越来越依靠对方对你的评价来判断自己。第三,对方开始限制你的社交关系,你的生活圈子越来越小。第四,对方常常提出你做不到的要求，让你产生亏欠感。消耗捆绑型关系会产生两种极端表现：一是暴力捆绑，比如家庭暴力；二是精神捆绑，比如 PUA。

第四种，爱情关系最理想的一种长期爱情模式——成长治愈型爱情。这种爱情的典型特征是让你不断增强探索世界的欲望，你从对方身上学到很多，同时也特别快乐。人们常说爱使得你我越来越美好，就是这样一种模式。爱情不仅让我们感觉幸福，还让我们成长，让我们更热爱生活，更有勇气和智慧面对生活的问题。这也是一种我心目中理想的长期亲密关系的样子。

这里要强调一下，如果你从一开始就奔着这个目标去寻找另一半，那太难了。很多成长治愈型爱情都是从享乐型或互惠型发展而来的。我们努力的方向是先走进一个好的爱情关系，再加上时间维度，让它越来越好，走向成长治愈型关系。所以，允许感情变化是拥有更好感情的前提。

然而，很多人的爱情并没有越来越好，反而慢慢走向了消耗捆绑型。最核心的原因是成长与快乐往往是矛盾的。不是说你让对方成长，他就一定快乐。如果你认为的成长不是对方想要的，感情就会出现问题。爱情最大的刽子手之一就是要求对方做自己认为"正确的事"，因为当你强调你认为的"正确"的价值判断时，常常只看到事，而看不到具体的人，尤其看不到对方在做所谓不那么正确的事背后，他 / 她的需求又是什么。

《如懿传》里有个桥段特别有意思，皇上和如懿一开始很相爱，可自从如懿做了皇后，她就要在宫中起带头作用，帮助皇上成长。皇上南巡，烩贵妃为了讨好他，组织了一些歌舞伎，送到龙船上让皇上享乐。如懿冲到龙船上把她们都赶走，这惹得皇上特别生气，自己在宫里一直受各种规范限制，活得小心谨慎，好不容易出来了，享一点乐有什么大不了的？可是如懿说：你看这些歌舞伎，她们在杭州城内总是大肆宣扬跟皇帝的关系，影响你的清誉，我作为皇后有义务保护你的清誉，你不能做这些事。你看，他们都有理由，做的都正确，但双方都不想要对方认为的"正确"。再加上后来他们没有进一步深入沟通，关系就慢慢走向了捆绑和消耗。这里插一句，很多人在清宫戏里找爱情，那真是愚蠢，你要知道清宫戏里是没有平等关系的，也没有两个独立个体，这种逻辑体系下是非常难产生爱情的。

不论是享乐型还是互惠型，都是好的开始，但是随着时间的流逝，两个人交往的深入，关系从浅变深，爱情的样子也会发生变化。**我们在初期关系中追求的是共鸣，就是那种彼此了解、心领神会的快乐；但是在长期关系中，我们需要面对的是差异，能把冲突处理好，才是关系长久的核心条件。**想要永远保持爱情刚开始的样子，一方面是不可能的，因为激情和新鲜感总会过去；另一方面也局限了我们对于爱情的想象。实际上，经过深度的交流，包括对冲突的处理，我们对对方的了解会上升到一个新的高度，两个人之间相互联盟的关系也会更进一步。[1]

  弗洛姆说，爱是一种艺术，也是一种能力，需要学习。学习爱是非常重要的情感教育，它不仅能帮我们处理好亲密关系，对处理其他社交关系也同样重要。现在，我们知道了好的爱情是什么样子，可是你要知道，爱情跟婚姻还真不是一回事儿，比起爱情，婚姻更复杂。下一节，我们就来讨论怎么看待婚姻这个话题。

---

[1]　由作者沈奕斐主导研发的《令人心动的 cp》爱情沟通桌游就是把棋盘设置为蓝色和红色两个部分，在不同的部分走法是不同的，蓝色代表初期关系，红色代表长期关系，两性处理的原则是不同的。

要点回顾

爱情不是一成不变的，一段好的爱情会随着时间呈现出不同的样子，聪明的人会懂得欣赏爱情在不同阶段的美好。什么才是好的爱情呢？在我看来，现代爱情分为四种不同的类型，其中享乐型和互惠型都是比较不错的爱情模式，而最理想的是成长治愈型的爱情，我们很难在爱情初期就拥有它，但只要两个人都朝着这个方向去努力，让爱情越来越快乐的同时，也能不断在对方身上收获成长，两个人的关系就会越来越好。我们真正要警惕的是，不要让爱情滑向消耗捆绑型，因为这不仅意味着爱情的失败，也会让你对自己的价值产生怀疑。

04

契约与风险：
今天可以不要婚姻吗

前面我讲了恋爱很难，但爱情又很有意义，我们在经营爱情的过程中收获成长和快乐。那么，当爱情谈到一定阶段时，我们又有另外的困惑出现了：要不要结婚？

有人说婚姻是爱情的坟墓，也有人说没有婚姻，爱情将死无葬身之地。

我们一定要结婚吗？婚姻真的是爱情的最好归宿吗？在讨论之前，我们要确认一个问题，你脑海中的婚姻脚本是什么样的？婚姻和爱情的区别是什么？

爱情与婚姻的共性和差异

现代爱情是两个独立个体之间的亲密联结，是两个人的事，但婚姻不同。费孝通教授在《生育制度》中提到，结婚不是一件私事。因为在过去，婚姻本身是一个事业，只有两个家庭都认为这场婚姻对传宗接代和光宗耀祖有好处，才可以结婚。婚姻和个人是没有关系的。这就导致了一个结果，过去的婚姻制度是排斥爱情的。因为事业要求稳定，而爱情特别不稳定，如果你今天爱一个人，明天爱另一个人，婚姻就可能解体了。

爱情成为婚姻的基础是从五四运动开始的，爱情成为当时年轻人反抗家庭、寻求个人权利的第一步。婚姻同时也在发生变化，就像前文所说，从为了家庭整体利益，变成为了谋求个人幸福。而爱情是幸福感非常重要的来源，因为爱情能带来情感陪伴，能带来互相帮助。

但是，爱情和婚姻在今天有共性，也有差异。共性在于，二者都是两个非血缘关系的人建立亲密关系的载体。前文提到的爱情三角理论就提到了爱情的三要素：激情、亲密、承诺。婚姻是爱情的正式承诺机制，代表"我们愿意用官方的认可来承诺我俩的关系是继续往前走的"。通俗地来说，婚姻是爱情的正式官宣。

但是，这种正式的承诺机制还有一个重要方面：结婚意味着我们结成了经济共同体和责任共同体，爱情和婚姻在法律上所处的地位是不一样的。

其实在社会学里，婚姻作为一种社会制度，未必与爱情有关。

尼采就说过，没有一项制度能建立在爱的基础上。婚姻是两个人在社会中确立某种关系的体系。第一，婚姻确定了经济共同体，不管你们婚后是不是 AA 制，总而言之，所有财产归夫妻共有。第二，婚姻确定了责任共同体，双方有照顾对方的义务，也有抚养孩子、照顾老人的义务，共同承担责任。第三，婚姻确立了契约关系，这是社会层面上的道德要求，也是维护长期关系的承诺。于是你会发现，恋爱更像是合作，你好我好大家好，我们可以随时随地解散。但是婚姻更像是合伙，共同承担、分享并享受风险带来的成果。现代社会的婚姻是一个长期契约，签订双方是平等的。

也就是说，爱情只是两个人的关系，而婚姻中包含法律责任，还会涉及孩子、双方父母等第三方的利益。这就意味着婚后，我们的事业发展和原生家庭都与对方产生了联系，我们成为某种意义上的整体，有福同享，有难同当。所以，结婚意味着我们彼此愿意承担责任，也想要一定的保障。

讲到这里，我也想强调一下，尽管步入婚姻意味着双方建立了契约关系，两个人的关系有了道德和法律层面的双重保障，但这并不意味着两个人可以没有爱情，就直接走进婚姻。

请你千万不要高估自己对没有爱情的婚姻的容忍度。长期关系中必然会遇到矛盾和冲突，这时候，如果没有爱情，那个体为什么要委屈自己去调整和协商呢？ 只有相爱，我们才愿意为了对方的快乐做调整，这既是个体的成长，也是快乐的代价。因为相爱，我们愿意听对方把话说完并做出回应；因为相爱，我们会有很多废话可讲；因为相爱，我们愿意一起去做一些有仪式感的事情。如果没有爱情，两个人在一起也许比一个人还要孤独。

爱情和婚姻本质上是由两个人联结而成的一种关系，这种关系可能会开枝散叶，长出更多触角，但它们的主线是一致的。比如当我们去处理公婆或丈人丈母娘的关系时，常常不是因为公婆或丈人丈母娘的人格魅力，而是因为我们爱自己的伴侣，所以才会努力去"爱屋及乌"。所以我们在处理这些关系的时候，依然是在处理我们和伴侣的关系，爱的深度决定了我们的努力程度。也正是在这个意义上，亲密关系成为自我成长的重要平台，让我们发展出能和更多世界产生联结的能力。所以，我鼓励你在走进婚姻时，你是爱你的伴侣的，即使以后会变，但至少结婚那一刻你们是相爱的。

爱情和婚姻都不容易。我身边的朋友时常感叹：结婚吧怕还不如一个人过，不结婚又怕老了后悔，到底该怎么选？要解决这个矛盾，就要看看婚姻能带给我们什么好处和风险。

婚姻的好处和风险

婚姻的第一个好处是对契约关系的保护。结婚意味着双方的关系得到了正式确认和宣告，如果某一方违反契约，就会在道德上处于很大的弱势。我们的社会也尊重婚姻的神圣性，所以当双方关系出现问题时,身边的人往往会来劝解,支持你们维护关系,两个人也因此具备更强的修复动力。同时,走入婚姻也意味着双方在经济上形成联盟,婚后财产得到了法律保障。

婚姻的第二个好处是建立了一个合作型的分工体系。人们组建家庭,很重要的一点在于分工合作使效益最大化。一个人单打独斗总是拼不过有团队精神的集体。婚姻也同样,好的婚姻让双方能更合理地安排自己的生活和工作,能节约生活成本,也能更好地拓展资源。

但这里必须指出,我们结婚的主要目的,从分工机制上来讲,是 $1+1 \geq 2$。但如果这个"2",大部分责任由其中一个人来承担,他/她的付出成本就过高了。比如,传统认为比较好的方式是"男主外,女主内",但实际上这是一个非常刻板的性别分工,会导致男性在婚姻里的收益超过代价,而女性在婚姻里的代价超过收益。女性在家庭内部的工作并没有得到足够的尊重,也没有在价值上得到体现,因此这种付出很多时候是得不到回报的。长此以往,对女性来讲很不公平,对婚姻也会造成不利。我们反对刻板的性别分工,但是当我们建立一个整体的时候,依然需要分工,所以如何协商分工成为重点。现代婚姻更强调根据两个人的特长、爱好来协商分工。

婚姻的第三个好处是婚姻所建立的风险抵御机制。家庭是抵御风险的堡垒。两个人的结合会使我们各自的资源体系和社会关系都得到拓展,我们能得到更多支持来抵御风险。在中国人的传统观念里，遇到问题首先想到的是家庭的支持，而不是找公共机构。想象一下，有一天你突然失去了劳动力，这时身边的那个人是可以帮助你的。直到今天，家庭、婚姻依然是最重要的风险抵御机制。但是这个风险抵御机制起作用的前提是你的伴侣确实靠谱。假设他不靠谱，你不仅得不到照顾，很可能风险会变得更高，还要去承担别人犯错的风险。所以这个风险抵御机制具有双面性。

婚姻的第四个好处是婚姻可以帮助你合理合法地生育孩子。但是你在养育孩子时同样需要承担养育的分工和代价。

说完了婚姻的好处，其实婚姻的风险同样很多，比如**在你享受婚姻的好处时，也不得不让渡一部分权利和自由**。你可能没有办法跟别人打情骂俏，或者你需要让渡出一部分个人财产的收入。

所以，面对婚姻我们要谨慎思考，做好权衡，不要急着走进去。周围人可能会说你太挑剔，但你就是要警惕，你有权这样做。因为一旦走进婚姻，你就会发现，很多原以为有风险的问题可能并没有什么，反而是一些之前没发现的问题凸显了出来。关于这一点，后面的章节会有详细解释。

在本节最后，我列了十个问题，帮你了解婚姻里可能会遇到的风险和好处。大家可以跟自己的伴侣逐一讨论，答案一致当然最理想，但更大的可能是你发现答案不一样，这时你就要考虑，对方的答案所带来的风险是不是你能承受的？比如关于孩子，你很想要，但对方坚决不想，最后的结果可能是你们不要孩子，那这个风险你能不能承受?

这十个问题能让你们更好地认识双方对风险和收益的态度,答案不见得必须一致,很多时候是可以共存的。后面在讲述差异时也会再对这些问题进行更深入的探讨。当然,你也可以和伴侣玩玩我们的《令人心动的cp》情感沟通卡牌,它会更好地帮助你们确立底线。

问题清单	1. 要不要孩子?什么时候要?谁负责带? 2. 买不买房子?什么时候买?要不要父母资助? 3. 如果职业发展和家庭生活发生冲突,怎么办?处理原则是什么? 4. 家务分工如何安排?如果遇到一方完成有困难,如何协调? 5. 家庭经济如何安排?AA制的话遇到意外如何解决? 6. 过年回谁家?双方父母和小家庭的关系是什么? 7. 能否坦诚地说出各自的性需求? 8. 各自最不能容忍的底线是什么? 9. 发生矛盾和冲突的时候,吵架原则是什么? 10. 我们各自不会为婚姻放弃的东西是什么?

当然,婚姻也会有你意想不到的好处,很多研究都发现稳定的婚姻生活能让人的寿命更长,幸福感更强。所以,处理亲密关系、享受婚姻生活是我们的目标。我鼓励你在谨慎思考后,勇敢一点。

要点回顾

中国自古以来的婚姻模式更多强调的是缘分,家庭利益远高于个人利益,而今天,我们在爱情和婚姻中更多追求的是个人价值的实现,婚姻不再只靠缘分来维持,更有赖于两个人的共同经营。在选择要不要走入婚姻前,你需要考虑清楚婚姻于你而言的好处和风险,哪些好处是你非常想拥有的,又有哪些风险是你不能承受的。这些必要的思考,能让你看清婚姻的意义究竟是什么。

05

每天30分钟的爱情：
现代女性的事业和爱情

现代成功女性常常被问到如何平衡事业和家庭，而男性很少被问到这个问题。人们常常有这样一种误区：好像爱情和事业是互相对立的，家庭一定会拖累女性的发展，但实际上并非如此。这一节我就要谈一谈，现代女性在忙事业的同时，怎么谈一份好的爱情，爱情又怎么给事业助力。

有意思的是，从古至今，人类的观念都认为，爱情主要是女性的事，甚至等于女性的全部生活。《诗经》中说"士之耽兮，犹可说也；女之耽兮，不可说也"，男人陷入爱情还可以逃出来，女人一谈恋爱就不能自拔。英国诗人拜伦也说过，"爱情是男人生活的一部分，却是女人生活的全部"。《诗经》很久远，拜伦也生活在 200 多年前，今天的独立女性可以逃出这种状况吗？

现实还真不太乐观。

现代女性在爱情里的四个误区

第一个问题，也是中国很多职业剧的一大问题，女性都在谈恋爱，剧情跟职业关联不大。这样的剧本一而再、再而三地出现，其实是在反复暗示，恋爱之后，**爱情就是女性的全部，不应该再考虑事业**。而很多发展事业的男性也会受到另一半的抱怨："你看，你不关心我，你对事业更上心。"

一旦女性把爱情看成全部，她对男性也会有同样的要求，可女性又特别喜欢有事业心的男人。如果你很幸运遇到一个上进的男人，就会发现他其实没办法和你一样。这种角色期待错位让事业成了感情的第三者，你会去跟他的事业抢夺时间、关注度以及精力，而你常常会感到失望。因为长期以来，男性主要的职责是在公共领域发展，通过在公共领域取得的成就找到自我，而女性则是在私人领域找到自我。

今天的女性实际上已经走出了私人领域，但理念还停留在过去，依然认为一旦没有在私人领域做好，个人价值就会丧失，于是很多女性会内化一种观念：爱情和婚姻是我的全部，是我人生各方面幸福的寄托。过去，爱情与婚姻的确是女性改变人生命运的重要途径，但今天很多男性其实并未做好承担女性所有人生幸福的准备。这是两性在交往过程中会出现的第一个问题。

请记得：爱情很重要，但它不是人生的全部，我们对美好的期待不能全部依靠爱情实现。

第二个问题，很多女性会内化爱情和家庭对自己的重要性，甚至认为**自己对爱情和婚姻的牺牲是自然的，不会去寻求平衡事业和家庭的第三条道路**。我的一个好朋友，孩子刚刚出生半年，公司就给她一个到外地进修的机会，她觉得孩子太小，就把机会让给了同事。3年后，同事成了她的上司。她认为自己做了很大的牺牲，可家庭成员却不这样想，所以她非常不爽，常在家里抱怨。但实际上，当初她做这个决定的时候，并没有跟家人协商，告诉他们自己做了多大牺牲。当然，她比较幸运，2年后公司又给了她一次机会，并且允许她带着父母跟孩子一起去。

请记得：我们永远有第三条路可以选择，你一定要主动去找找看。

第三个问题，女性会幻想另一半是自己的灵魂伴侣，各个方面都要严丝合缝满足自己的所有需求。一个文艺女青年遇到一个理工男就会特别失望：我们可是灵魂伴侣，我最熟悉的东西你怎么一点都不知道？实际上，灵魂伴侣是非常抽象的，什么叫灵魂？怎么能够契合？稍加追问就会发现它是一个有迷失性的概念。正确的状态是，谈了恋爱以后，你爱跟谁逛街还继续跟谁逛，爱跟谁聊小说还继续跟谁聊，喜欢 cosplay 那就找同样喜欢的朋友一起玩，并不是所有事都要跟爱人一起做。

请记得：我们的爱人只能满足我们对美好生活的部分想象，除了爱情，我们还有其他的亲密关系。

第四个问题，罗振宇曾经说过，情侣分手，夫妻离婚，过去常常是因为性格不合、吵架或移情别恋，如今最重要的原因却是成长不同步，一个人进步得快，一个人进步得慢，没有**协同进化**。这个问题值得深究，如果两个人在不同维度里发展，方式不一样，怎么能协同进化？所以这里我们提出另一个概念：**共同成长**。男性在事业上很成功，女性在家庭领域做得越来越好，这算不算共同成长？有的女性在文化品位方面越来越高，而另一半在运动技能方面越来越好，这算不算共同成长？其实这些都算共同成长，只是发展的方向不一样。想清楚这一点很重要。如果你是全职太太，你的成长就是在私人领域，那么你要告诉另一半：我也在成长，我的成长也有价值。你的伴侣需要倾听、理解你的这些想法。

请记得：成长不一定是事业成长，但是保持学习是非常重要的人生态度。

让爱情持续的秘诀

反思过这些误区之后,我们重新来考虑,现代爱情要怎么谈?

首先,我们要意识到,爱情的发生和发展背后的逻辑并不相同。

美国有两位科学家——可可霍夫和戴维斯,提出了"过滤理论":两个相爱的人在最初相处的 18 个月里最需要的是价值共识,也就是两个人的相似性,一见对方就会心一笑,讲过去的各种事情也会觉得特别有默契,这会增进感情。而一旦过了 18 个月,两个人若想长久保持关系,就需要有需求上的互补,因为双方成长的步调不一样,爱情的形式发生了变化,爱情的需求也有了变化。你可以告诉男朋友,先全心投入地谈 18 个月的爱情,之后再建立一种爱情新模式,形成一些共同的成长需求。在这个过程中,爱情就从一个状态走到了另一个状态,也符合前面提到过的爱情四象限理论。

《裸猿》三部曲的作者、生物人类学家莫利斯提到**人类的亲密关系常常有这样三个阶段:抱紧我,放下我,别管我**。我们在爱情一开始的时候,总是喜欢抱紧对方,希望两个人时时刻刻在一起;后来觉得还是要保留各自呼吸的空间;最后我们会发现我们依然需要各自独立的世界。很多时候,这三种状态在一个时间段是共存的。因此爱情的持续在于我们能否处理好抱紧我、放下我和别管我三个状态的协调关系。

结合这两个理论，我们就会发现，爱情在持续一个阶段——也许是 18 个月后，其实两个人不需要分分秒秒黏在一起，我们可能只需要每天谈 30 分钟爱情。这时你就会明白爱情真正的作用是让我们打开生活，而不是把我们捆在一起。

那么，怎么让爱情持续呢？我给你一个方法，叫作 30 分钟高质量共处法。这个方法跟巴克斯特的循环摆荡理论有关。巴克斯特说两性在面对各种问题的时候，常常处在两个对立等级之间，解决这些问题的最好方式就是轮流采取两个对立立场。比方我们一方面要有自我成长，保留自我独立性；另一方面又要和对方有关联。这就是两个不同立场，那么我们可以使用轮流策略，在工作日我们采取自主逻辑体系，每天花 30 分钟在一起高质量地交流、做一些事情，剩下的时间各自安排，而到了周末我们选择关联立场，一起吃饭，一起旅游，一起创造一些闪亮的日子。

为什么工作日 30 分钟共处能起到这个作用？**因为人与人保持关系，最重要的是持续地、稳定地、固定时间地交流，这叫仪式感**，我在后面还会讲到。有一个固定的家庭时间，有一个专属于夫妻二人的时光特别重要，它会时时刻刻提醒我们之间有一种特殊的关联，跟其他关系不同，我们可以时刻交流双方不同的生活感受。

举个我自己的例子，我跟我先生，哪怕是他工作最忙碌的时候，都会坚持在工作日共处 30 分钟，如果聊得不够，我们晚上会在床上先聊一会儿再睡觉。这 30 分钟里，我们大概就知道对方遇到了什么样的事，面对问题时有什么感受，你的成长我看得到，我的成长你也有感知。

30分钟具体做什么？我的回答是做什么都可以，但请记得，这是为了情感交流的30分钟。所以说废话（聊聊八卦，谈谈感受）比讨论具体问题的解决更能促进感情；做一些无聊的事，比如看看电影、读读笑话比完成家庭具体事务更能促进感情；身体的互动尤为重要，每天30分钟的卿卿我我能让情感一直处于流动状态。

总结一下，我一直认为爱情真的很重要，它是我们处理很多关系的基础，但爱情绝不是生活的全部。如果将人生的全部希望寄托在爱情上，最后你一定会失望。只有度过前18个月的疯狂热恋期，顺利回到正常的生活节奏，让工作和爱情有正向良性的循环，爱情和事业才能更好地持续发展。18个月后的爱情不再封闭，它是开放的，一切不再只围绕爱情本身，我们的空间可以变得更广阔。

要点回顾

这一节我分析了现代女性在爱情里经常会陷入的四个误区：1. 把爱情看成自己的全部，并且要求另一半有对等的投入；2. 内化自己对爱情和家庭牺牲的合理性，难以平衡家庭和事业；3. 幻想另一半必须是自己的灵魂伴侣；4. 无法和伴侣同步成长，致使长期关系出现了矛盾冲突。我们想要爱情持久，除了要主动走出这几点误区以外，在和伴侣的日常相处中，也需要善用一些技巧，"30分钟高质量共处法"就是不错的方法。

Chapter 2

新脚本里如何进入爱情

我们学着信任他人，
尝试和他人形成联结，
进而找到一个人变成"我们"，
幸福就慢慢展开了。

上一章我讲到，爱情新旧脚本的冲突和混杂，导致了我们今天的爱情越来越难。

进入第二章，我将聚焦大家在爱情里的具体选择和具体困惑，比如**进入爱情有哪些途径，背后存在哪些误区，爱情里究竟存不存在 Mr. Right**[1]，是不是变得优秀才会有人追，女性怎样主动去追求想要的爱情，怎样跳出原生家庭的制约，等等。我会通过具体问题的剖析，帮助你梳理自己想要的爱情脚本，改变制约你成长的认知困境，重新理解爱情的逻辑。

所以在这一章，我会落实到微观操作层面，尤其是爱情刚开始的阶段，帮助大家更深刻地认识爱情新旧脚本混杂带来的影响，从而改变认知，找到自己想要的爱情。

♥ ♥ ♥ ♥ ♥

---

[1] Mr. Right：命中注定的人。相对的是 Mr. Wrong，意思是不能托付终身的人。

06

亲密关系谱系：
"母胎单身"如何进入爱情

这几年来，我被问到最多的问题是"母胎单身"如何进入爱情。"母胎单身"，指的是从青春期开始就一直错过爱情，直到20多岁还没谈过恋爱的群体。"母胎单身"其实是一个新概念，2017年才进入大众视野，被很多的人贴到自己身上。这个概念出现的时代背景是人们渴望年轻时有恋爱的经历，所以没有恋爱的经历变成了一种遗憾。

在21世纪初，家长们还在反对早恋，希望孩子们进入大学后以学业为重，不要恋爱，所以那个时候人们不觉得20多岁没有过恋爱有什么问题。但在"剩女"概念出现后，一部分人认为这是独立女性崛起的象征，另一部分人由于担心成为"剩女"而渴望进入恋爱，这样单身就成了一个令人焦虑的话题。所以，一直单身就有了一个新的名词来称呼。

今天，很多年轻人对于如何去爱也是很迷茫的。前面我强调过，爱的本质是给予的快乐。但是独生子女时代成长起来的年轻人，从出生起就一直习惯于享受别人给的爱，很少有机会去学习如何爱别人，所以很容易形成对爱的理解就是"获得"。他们表面上获得了很多爱，但反过来讲他们在爱的过程中一直处在被动状态。就好像很多偶像剧的男主角会像爸爸一样爱女主角：女主角不吃饭，他就去喂；女主角鞋带松了，他就帮着系。这就是对爱情被动的理解。但是，爱情是两个独立个体的联结，必然有主动的成分，**当大家都习惯于被爱，而缺乏主动去爱的能力时，爱情由此而变得非常困难。**所以，有人感叹今天"大部分的爱情死于只想被爱"。

这里，我们不去探讨这个概念背后的社会价值观，而仅仅是借用这个概念，希望去解决这一部分人的焦虑和问题。实际上，到可以结婚的法定年龄依然从来没有谈过恋爱的人，男女都有。但在日常语境中，我们发现"母胎单身"这个概念常常用在女性身上，因为社会给女性的婚恋压力更大，女性更容易焦虑。

好女孩更容易成为"母胎单身"

很多人都感叹：对待爱情认真的好女孩，成为"母胎单身"

的概率更高,进入爱情更难,有时候好不容易跨出半步,很快又被弹回来。

为什么呢?

这里面有一个很大的误区:好女孩往往对恋爱持有特别认真的态度,相信"凡是不以婚姻为目标的恋爱都是耍流氓",这其实是受到了爱情旧脚本的影响。在旧脚本里,女性恋爱的最终目标是婚姻。如果相信旧脚本中恋爱的目标就是结婚,但又强调新脚本中的女性独立和两性平等,那么两种脚本的混杂就会导致进入爱情的难度增大。

第一,如果你**把恋爱看成进入婚姻必然的一步**,以非常认真的态度对待它,那你很可能**违反了男性择偶时的竞争逻辑**。伊娃·易洛斯的研究结论显示,现代男性在择偶时背后有个动力机制,他要证明自己的魅力,尤其是性魅力,他有征服女性的欲望。可如果女性表示,一旦我跟你恋爱,就决定永远在一起,从某种意义上讲男性就不需要征服的过程了,女性也就失去了足够的吸引力。

第二,现代社会变化很快,**男女都会因为害怕承诺而不愿意将恋爱视作结婚的第一步**。尤其是男性,因为一谈到组建家庭,就会面临一系列经济问题,比如买房子等。如果你一进入爱情就要他马上做出承诺,他大概率是没有做好准备的。凡是认真负责的男性,都会往后退一步,说我们再等一等。可往往这样的行为,会被一些女性解读为对方爱得不够认真,好男孩跟好女孩就这样错过了。

第三，**爱情非常感性，婚姻非常理性，理性有时候会提前把感性的魅力赶走**。旧脚本里没有这个问题，因为爱情的成分很弱，通常是直接进入理性的婚姻层面。新脚本不一样，爱情是追求激情的，一开始是一个感性高于理性的阶段，在奠定感性的吸引后，再慢慢走向理性。但是，由于新旧脚本的混杂，人常常在还没有充分感受感性甜美的时候，就掺杂了太多理性思考，从而对感性的不确定性产生焦虑，使得爱情走样。

第四，**新时代的女性具备独立意识，不愿意成为生育工具，而男性的婚姻意识常常没有跟上**。现代独立女性强调伴侣之间的平等，不愿在感情中做各种无谓的牺牲，对感情质量有很高期待。但是，如何实践平等？平等关系是否需要互相协调和妥协？女性强调自我独立性的时候，如何兼顾男性的自我发展？这一系列的新问题并没有一个现成的答案，而年轻男女在过去的人生中也缺乏这样的情感教育。因此，今天的爱情难度就又上升了。

所以在新旧脚本混杂的情况下，对待爱情非常认真的好女孩进入爱情的难度不减反增。

进入爱情的四种途径

那进入爱情的途径有哪些呢？在现代社会进入爱情最常见的方式有四种：一见钟情、日久生情、相亲、网恋。其实这些都是进入爱情非常好的途径,问题在于我们人为地设计了很多障碍,导致每条路上都有巨大的问题,下面我来逐一分析。

第一种是一见钟情。这特别符合我们新脚本想象中爱情开始的样子,很多人认为这就是爱情本来的面貌。但是在中国,一见钟情的发生概率特别低。

欧美文化里经常发生这样的故事,一个男性偶遇了一个女性,觉得她很好看,第一时间上前搭讪。但在东亚文化里,我们是不接受这样的搭讪文化的,搭讪的男性会被戏谑为"登徒子"。我们对于只是看上了外貌的爱情是心生抵触的,总觉得这样的感情基础不牢靠。

因为外貌的吸引力常常与性魅力有关,而东亚文化对于性魅力这件事高度警觉,也会贬低性魅力的价值。一个有性魅力的女性,在过去会被称为"小妖精""狐狸精"等,现在则常常成为电视剧里那个讨人厌的"女二号"。女性希望自己可爱,但不希望被看作是"性感"的。

女性之所以有这样的反应,是因为在旧脚本里,女性最终的理想是变成贤妻良母,而贤妻良母的形象并不和性挂钩,更多的是一个顺从温和的形象。但是在新脚本里,爱情是需要个人魅力的,我们之所以相爱,不是因为我适合做你孩子的爸爸或妈妈,而是你喜欢我这个个体。

但是因为新旧脚本的混杂,今天的女性一方面对性感很警觉,另一方面又比任何时代的女性都更在乎外表。我们希望外表吸引人，同时又担心男性爱上的仅仅是自己的容貌。人们常常认为"色衰而爱弛"，只靠容貌今后很有可能被抛弃。"多少人曾爱慕你年轻时的容颜，可知谁愿承受岁月无情的变迁"，这歌词听上去特别浪漫，可我总觉得带有恐吓意味，岁月无情，你老了就没人愿意承受了。

在爱情新脚本中，女性要跳出这样的认知局限。其实现代社会女性的容貌并不像过去那样容易衰老，从20岁到40岁，女性的容貌变化并不大。我20岁时戴着一副框架眼镜，看上去比现在还成熟。此外，女性的个体价值并不由外貌决定，但外貌确实是自我价值中不可分割的部分。接受自己的外貌，往往会使我们更愿意打开心扉与人交流。如果想要一见钟情的爱情，最重要的是从接受自己的性魅力开始，而不是用过去的旧框架让自己处在自我价值和性魅力的矛盾对立之中。我们还要学会欣赏别人的外貌，包括主动接受男性的性魅力，这样才能提高一见钟情的概率。而且一见钟情的爱情通常都是享乐型爱情，浓度很高，未来也可以变为成长治愈型爱情，所以一见钟情是一个很好的进入爱情的途径，也是一件令人特别快乐的事。

还有另一个误区，人一旦一见钟情，就要做一个关乎一生的决定。这种观念跟旧脚本中的缘分婚姻紧密相连，先确定永远的关系，然后一天天给感情做减法。可如今我们要谈的爱情婚姻是加法婚姻，一见钟情只是让我们一开始确定这份感情的珍贵，未来我们还需要进一步去探索可否为爱做加法。发自本能的喜欢太难得，一旦遇到这样的机会，请好好珍惜，勇敢一点，不管成功还是失败，至少这段感情会特别独特。

这里要强调一下，不是说有独立自主意识的好女孩，就要用玩世不恭的态度对待感情，而是说一段感情的发展在不同阶段有不同任务，爱情开始的阶段要做的是去感受爱情本身的魅力，然后处着处着发现原来我们可以有更紧密的关系，之后才会越来越确定"我们"的关系，而不是在一开始就快速确定。恋爱也好，走进婚姻也好，都要一步一步来，不要给自己设置过多的目标。我们的目标是具备更好地享受当下生活的能力，而不是一定要和某个人在一起，这才是独立自主的女孩应该努力追求的方向。

第二种是日久生情。 很多人觉得跟一个人当了很久的朋友，就不太能出现激情四射的爱情了。爱情三角理论包含亲密关系、性唤醒和承诺三个方面，如果拿掉性唤醒和承诺，剩下的亲密关系也可以是友谊，所以友谊和爱情的区别主要在于有没有激情。也就是说，从友谊到爱情的变化是感受到对方的性吸引力，你愿意跟对方有身体上的亲密接触。而这一过程是经常发生的，某一天，你突然意识到自己对对方的感受变化了，这就是爱情的开始。亲密关系本身是一种谱系，不论友谊还是爱情，都有从淡到浓的过程。当我们不再把友谊和爱情对立起来时，我们不仅能更好地理解亲密关系，也解决了另一个重要问题：爱一个人并不意味着占有。

既然友谊可能发展为爱情，很多人就认为我们在恋爱后，就不应该再有亲密的异性朋友了。这真是很大的误区。

在《令人心动的cp》的情感沟通桌游中，有一道题：可否拥有亲密的异性朋友？我在规则中设定了，只有双方都选了"可以"才能往下走。很多人对答案都表示不解。

拥有一棵树就不得不放弃整片森林吗？实际上，在爱情或者任何一种亲密关系中，你都不可能完全拥有一棵树，因为每棵树都是独立的，你无非是跟这棵树形成了连理枝，这并不影响你去享受阳光雨露，也不影响你去欣赏整片森林的美。

友谊和爱情是有区别的，这种边界需要双方去探讨。对亲密的概念界定能让我们既打开世界，拥抱整片森林，又享受彼此之间有安全感的爱情。

当然，今天更普遍的问题是很多人抱怨没什么异性朋友，连日久生情的机会都没有。对这部分人来说，首先要做的是打开对亲密关系的想象力，先学会交朋友。

爱情需要我们对他人有好奇心：我想要去了解你，我想要来帮助你，我想要跟你形成联结。在这一过程中，我们遇到了那个不论是思想还是身体都想靠近的人，这时候自然而然产生了爱情。所以爱情是结果而不是目标。

如果你觉得自己和同性交朋友没有问题，但不会和异性交朋友，那可能是你在交友过程中，太重视性别了。我们在交朋友时，首先关注的是这个人的特性，而不是他/她的性别。我们认识的绝大多数人都不会成为我们的恋人，所以不用把每个异性都看作日久生情的对象。请记得，日久生情是自然而然又非常难得的结果，所以放轻松，多交朋友，学会联结，期待奇迹。

第三种是相亲。网络上流传着各种"奇葩"相亲故事，比如对方会要求你出示简历，还有的在经济上斤斤计较，买单很抠门，所以追求爱情的人常常会排斥相亲。

之所以有那么多极端的故事出现，是因为相亲在本质上是一种中介关系，我们互相对照客观条件，比如学历、家庭背景、财务状况等，拿着自己的价值到市场中做衡量。我有一个 30 多岁的好朋友，相亲时别人给她介绍了一位离异男士，她特别生气，觉得自己掉份儿了。可是相亲的人往往不得不面对世俗对个人价值的判断，无论你认为自己的个人价值有多独特，世俗意义的判断标准跟我们自己的逻辑是不同的。如果中介介绍的人条件不好，在某种意义上意味着中介对我们的价值衡量也比较低。而所谓的极端又"奇葩"的相亲故事，其实是我们希望回避自我价值被否定后出现的不适感。

但如果我们换个角度去看相亲，就会发现相亲其实也是一种认识陌生人的有效途径。我们在进入爱情之前，肯定希望结识更多人，相亲其实就是帮我们拓展朋友圈，给我们提供了一个从互惠型模式走入爱情的机会。因为大家都有结婚的目标，所以相对功利，这种特征也有其好处，能减少未来匹配的麻烦，比如不会异地恋。所以大家不要刻意排斥相亲，只要放平心态，它就能发挥正面作用。

如果要提高相亲的效率，请记得每一次都是去结交一位新朋友，带着好奇心去了解对方，对对方感兴趣。但如果觉得没有进一步了解的欲望，这也是正常的，没有好坏，只有适合与否。很多时候，无法成为恋人，但交到了一个不错的朋友，也是一种收获。

第四种是网恋。网恋在过去10年里越来越成为常见的择偶途径，但它最大的问题就是"见光死"。从网络接触到的人，我们是通过文字、语音来沟通的，根据一些标签想象、美化对方的存在。此外，网络还有两面性，很多人在网络上的形象跟在日常生活中可能完全不一样。所以，网络也只是一种中介，先认识一个人而已，线下才是你们感情真正开始的地方，见面时可以稍微把自己的想象放一放，去认识一个真实的人，判断这个人能不能成为朋友，然后再考虑关系能否更长久。

除了一见钟情，其他三种进入爱情的途径其实都是从学会交朋友开始的，所以不要一开始就用爱情模式的框架局限了发展的可能性，要看到那个具体的人，也让别人看到具体的你。希望大家能先放下附着在伴侣身上的要求，比如要求他必须收入如何、身高如何等，而是用更开放的心态接受更为多元的亲密关系的开始，这样才能回到感情的本质：人与人的吸引。

要点回顾

不论是一见钟情、日久生情,还是相亲、网恋,这些途径都可通往爱的康庄大道,但是它们各有利弊,也受脚本的捆绑,所以你需要好好梳理一下。任何一段感情都可以从淡到浓一步步发展,我们没有必要把友谊、合作伙伴跟爱情统统对立起来。很多时候,我们欠缺的不是进入爱情的能力,而是常规意义上的交友能力。学习进入爱情,在本质上是学习怎样和世界、和他人更好地相处。爱情教我们怎么去跟别人沟通,一方面要坚持自我,另一方面也要不断更新自我。爱情给了我们和外部世界深度碰撞的机会。

那是不是一定要找到 Mr. Right,才能发生爱情的碰撞呢?感情中真的存在 Mr. Right 吗?我下一节来讲。

07

爱情新脚本中存在 Mr. Right 吗

很多人会认为,这个世界上一定存在着一个专门与我匹配的人,找到他我才完整,这个人就是我的 Mr. Right。

Mr. Right 存不存在呢?

我的答案是不存在。

现在流行着很多关于 Mr. Right 的演绎版本。柏拉图说,最初的人是男女同体的,是神把人一劈为二,所以人类终其一生都在寻找另一半。浪漫版本说,遇到 Mr. Right 的感觉就像流星划过天空,砰的一下,就是他了!缘分版本说,我们跟 Mr. Right 不是此时相遇,而是久别重逢。性狂热版本说,一个人从前很恐婚,但遇到 Mr. Right 之后,只想为他生孩子。鸡汤版本说,遇到那个人,内心就小鹿乱撞,仿佛全世界都是黑白的,只有他是独一无二的色彩。此外，网络上还流传着四种遇到 Mr. Right 的感觉：第一种是你感觉对方很踏实，不会对你有任何隐瞒；第二种是他会让你回归天真，像小孩子一样可爱；第三种是他能温暖你，让你时时刻刻有被照顾的感觉；第四种是他懂你的全部，让你觉得碰到了遗失的另一半。

我跟我先生从 20 岁就开始谈恋爱。坦率地讲，当年纯粹是觉得他长得很好看，哪能一上来就确定是一辈子啊。我们一路走来也经历了不少磕磕绊绊，甚至直到今天还会一起畅聊离婚以后各自该如何愉快地生活。在我看来，根本就不存在 Mr. Right。弗洛姆跟我有类似的观点，他说人们常常觉得爱很简单，找到对的人，爱情就开始了，但实际上这是错的，爱是一种能力，你遇到一个人，甚至遇到好几个人，选择其中一个，我们互相学习如何去爱，爱情才会变得美好。

社会学还没有出现过这样的研究——什么类型的人在一起就一定幸福，最多是一个事后的幸福感调查显示哪些类型匹配更幸福，但也仅仅是概率。甚至，关于后者的研究发现，某些要素只有相关性，不同的研究，结论是完全相反的。社会学里有两个相悖的理论：一个叫相似性，两个人越相似，感情越好；另一个叫互补性，两个人差异越大，感情越好。在印度，一项关于自由婚姻和包办婚姻的研究发现，自由婚姻的幸福曲线往下走，而包办婚姻的幸福曲线却是往上走的。婚后 5 到 6 年，两条曲线开始交叉，包办婚姻的幸福曲线甚至超过了自由婚姻。[1]这个研究结果同时也说明，"找到 Mr. Right 才能开始一段爱情"的观点在学术上是站不住脚的。

关于 Mr. Right 的迷思

为什么很多女性总执着于寻找 Mr. Right？

我们常常把爱我等同于懂我，所以我们总是想要找到那么一个人：他跟我三观一致，我们品位相近、志趣相投，我讲的每一句话他都能够懂，他讲的笑话也戳中我笑点。如果他不了解我，那就是不适合我，不爱我。

由于类似的"Mr. Right 迷思"，女性最喜欢在日常生活中玩"猜猜猜"游戏：生日或者纪念日时，配偶问女性想要什么样的礼物，我们经常说"随便"。但这里的"随便"可不是真的让你随便买买。女性真正想的是，我跟你在一起那么久了，我想要什么东西，你还不知道吗？如果你真的随便买了个什么东西，我们会特别生气。"猜猜猜"的结局常常让我们女性很失望，觉得找的男人是木头人。

而男性则常常困惑女性为什么不能直接说要什么呢？

---

[1] 这个研究并不是说包办婚姻比自由恋爱的婚姻好，因为在印度的社会环境中，自由恋爱的婚姻常常会被双方家庭处以经济上的惩罚。

女性不会说的，因为女性认为：说出来就没意思了，我什么都不说，你知道我喜欢什么，那才是爱。

女性常常认为另一半要了解我的方方面面才是爱我，反观男性对另一半似乎并没有这样的要求。有一次上课，一个男学生发出这样的灵魂质问：为什么女生对男生一无所知就是纯情，男生对女生一无所知就是"直男"甚至"直男癌"？也就是说，男性不被女性了解不仅不是一个缺点，甚至还是一个优点。

为什么两性会出现这样的差异呢？

我们还是通过爱情的新旧脚本来分析。在旧脚本里，男性主外，他的信息来源很广，他的选择，包括他买的礼物到底是不是最好的，女性都没有评判的权利，所以只能期待着男性懂我，为我带来最合适的东西，为我做最正确的决策。同时，对旧脚本里的女性来说，配偶太重要了，他决定了我的人生。但对男性来说，爱情只是他生活的一部分，他还有更广阔的其他空间，所以他对女性的要求是有一部分匹配就可以了，不需要方方面面都了解我。

在新脚本里，男性不再具有那样的先见和权威性，女性也进入公共领域，自己做决策，主导自己的人生，逻辑体系发生了变化。但文化有滞后性，女性虽然独立自主了，但爱情旧脚本的浪漫气息还滞留在心中，我们仍旧特别希望遇到一个懂我们的 Mr. Right，帮我们做正确的决策，降低做决策的风险。

但是，执着于寻找 Mr. Right，会给自己增加很多无谓的烦恼。有时候，我们也会遇到一个很懂自己的人，但这个人往往已经结婚了。不是因为好男人都结婚了，而是他太太把他培养成了一个更温柔、更善于体察别人心理的人。只有走出 Mr. Right 这个迷思，你才会更容易进入爱情。

你真正要做的，不是找到 Mr. Right，而是排除掉 Mr. Wrong。世界上适合你的人很多很多，排除掉 Mr. Wrong，你的选择代价才会最小。爱情剧里霸道总裁一开始跟女主角总要针锋相对，互相看不顺眼。到了后面，咔的一个反转，他们相爱了。可在现实中，这种爱情反转特别少，往往你一开始很讨厌的人，到最后你还是会很讨厌，勉强进入一段有致命问题的亲密关系，最后受伤的就是你了。所以，理清你的底线，排除 Mr. Wrong，要比寻找 Mr. Right 更能给自己机会，因为现实世界里的霸道总裁是不会因为你摔跤摔得与众不同而爱你的，他更可能觉得你好控制而让你陷入一段让你窒息的爱情。

三个方法排除 Mr. Wrong

怎么排除 Mr. Wrong 呢？我给大家提供三个方法。

第一个方法，三条底线原则。

你可以想象你未来的伴侣，他身上有哪三个问题是你绝不能忍受的？这三个问题就是你在感情里设的三条底线，只要对方身上出现其中一条,你就需要考虑是否要和他发展关系。底线问题通常很难磨合,导致你们在未来不得不对关系进行结构性的调整,拖得越久,代价越大。

你可能会问:什么样的底线适合我呢?没有标准答案,因为每个人的底线跟个人的特质、期望值、爱情模式紧密相关。

我曾经找对象有一条底线:对方身高不能低于1.7米。因为我受旧脚本的影响,觉得男朋友一定要比自己高半个头。有一次,我儿子没好好吃饭,我就跟他讲:"你吃饭不好好吃,以后你喜欢的姑娘长得比你高,那怎么办?"结果我儿子回答:"没问题啊,你看王祖蓝就找了个比他高很多的老婆。"我突然意识到在我儿子心目中,身高和爱情根本无关。

那如何确定自己的底线?

第一步:拿出一张纸,在纸上列出所有你找对象时非常在意的点,包括身高、相貌、地域、是否喜欢读书、是否讲卫生、有没有暴力倾向等,尽可能把你所能想到的都写上,一直到觉得再也没有无法忍受的了。

第二步:想象你现在遇到的人或多或少都有你写的那些缺点,划去那些相较而言能接受的缺点。比如,身高不够和有暴力倾向,那还是身高矮一点更能接受吧?

第三步:强迫自己最后只留下三个在意的点,作为你的底线。那么多不能承受的问题,为什么只许保留三个?因为如果你有七八条底线,世上可能就没剩多少适合你的人了。

台湾大学社会学教授孙中兴有一个 0.5 理论，跟三条底线原则可以融合。他说你的每一条底线相当于排除掉人群中一半的人。比如身高不能低于多少，你就把身边的适婚群体总人数乘以 0.5；年龄不能大于或小于多少，又乘以 0.5；教育背景如何，再乘以 0.5。这样算下来适合你的人只剩下 12.5%。如果再多增设条件，这个圈子就会越来越小。

需要注意的是，不要把理想当作底线。比如理想身高是 1.8 米以上，那么底线就一定是不能低于 1.8 米吗？你会发现不一定，理想和底线是两种不同的思维角度。我曾经遇到一个男孩，他认为女朋友一定要讲卫生，爱干净，这是他的理想。然后他真的遇到了一个特别爱干净的女孩，甚至有些洁癖，所以每次吃饭如果他不小心留了食物污渍在衣服上，他女朋友就会坐立不安，会想方设法尽快把污渍去掉。后来因为卫生问题，他们爆发了多次争吵，这段关系也就此结束了。然后，他就发现原来他不能承受一个有洁癖的女朋友，因为他自己并不是那么注意卫生的一个人。

所以，底线是你不能忍受的问题，而不是你希望的特点。

第二个方法，每一段感情经历都是我们更新 Mr. Wrong 清单的机会。

人在年轻时并不知道自己的底线是什么，我们需要不断地经历一些事情才会更了解自己。

我上学时有一位学长，各方面都非常优秀，也很关心我，经常指导我怎么做事，但我对他一直不是特别有感觉，当时也不知道原因。我和我先生谈恋爱之后，这位学长专门请我们吃饭，他发现我的男朋友不太知道我爱吃什么，只管自己吃，而他知道我爱吃什么，就会帮我夹菜。他就跟我说："你怎么找了这样一个不了解你的人呢？"但实际上，我吃饭时并不喜欢有人帮我夹菜，这会给我一种吃什么都不自由的感觉。他虽然是在关心我，可我不喜欢。再后来我发现自己交朋友的一条原则：我不喜欢别人控制我。我和这位学长后来一直是很好的朋友，可就是没办法深入，直到现在，他给我的朋友圈留言，都是在指导我应该怎么做会更好，而我看到他的指导就会庆幸自己当初没和他走到一起。

关心和控制是没有严格界限的，你需要它的时候就是关心，不需要它的时候就是控制。当不喜欢被控制成为我恋爱的底线的时候，我也就发现我很难和那些暖男型男性长期交往，因为时间长了，我就会感觉关心变成了控制。

每一段恋情其实都是在帮助我们成长，成功也好，失败也好，我们都会从中逐渐发现自己的底线，哪些是真的不能接受的，哪些只是自以为不能接受的。

请记得，当出现一条新的底线的时候，务必要和原来的底线做比较，看看是不是更难接受，只有更难接受才能替换原来的底线。当你不能替换，只能不断往上码的时候，参考前面讲的0.5理论，你的爱情会变得越来越难。

第三个方法，不要总是纠结于应该选谁，而是多问问自己为何不能选谁。

如果你的身边同时出现两个人：A 温柔体贴，但男人味不足；B 性格豪爽，但脾气不好。与其纠结于选 A 还是选 B，不如把题目换一换，A 有什么让你难以接受的？B 有哪些让你不能选他的原因？这样思考过后的决策往往更贴近现实。因为在长期相处的过程中，对方身上好的地方你会习以为常，但那些不好的地方常常会在未来发展中变成很大的问题。前面提过，你要尽量避免消耗捆绑型爱情，其实这也是一种设置底线的思考逻辑。

那是不是意味着我排除了 Mr. Wrong，剩下的都可以了？当然也不是。排除掉 Mr. Wrong 以后，你再去找一个让你觉得快乐的或者让你觉得有益的人进入更深的关系里。还是那句话，不论是享乐型还是互惠型都是爱情好的开始。

很多朋友的困惑是提不出自己的底线，白纸拿出来，可以写很多，但一个都没办法划去或者可以都划去。出现这种情况常常是因为你对自己还不太了解。为什么说爱情是个体成长的路径之一？就是因为在这一过程中，我们慢慢学着了解自己，明白自己到底最在乎什么，这是需要一个过程的。

在恋爱中，我们慢慢成长，也慢慢影响我们的爱人。在时间的打磨下，那个一开始看上去不是 Mr. Right 的人，到最后会成为你的 Mr. Right。这个专为你定制的恋人，他并不见得适合别人，也不是别人眼里所谓的最好的那一个,但他却是最适合你的。

恋爱关系中的底线常常和建立"我们"的概念有密切的联系,为了更好地帮助大家找到自己的底线,我们在《令人心动的 cp》这款爱情桌游中,专门设计了四种类型的题目:底线题、关键题、差异题和开放题。

底线题涉及"我们"的重要事宜,这些问题最好在初期关系中双方能达成一致。如果双方找到了底线一致的人,未来面临的冲突就不会那么剧烈,需要做结构性调整的可能性也会变得更小。关键题是指那些对关系很重要,但并非要求答案一致的题目,只要能协商出一个双方都能接受的方案就可以。差异题是指那些在初期关系和长期关系中会有不同影响的特征或问题,能打开大家对差异的想象。开放题是指那些拓展亲密关系边界,但一致与否并不重要的题目。我们希望通过这些题目能帮助每个人去探索自己和关系中的底线。

其实在和任何一个人交往的过程中,也需要确立一些行为底线来保护自己的利益。比如,我会避免和朋友有经济上的来往,如果一定要借钱给他人,那数额一定是即使对方不还我也能承受的;每一次的身体亲密接触一定是我喜欢的,而不是我为了对方爱我或其他目的而做的;我不会和不熟的朋友去非公共空间。

当我们既有 Mr. Wrong 的三条底线,又有行为的三条底线的时候,我们就能在保障自己安全和利益的前提下,展开交友之旅。你要相信,总有一天我们会遇到一个渴望和他/她形成更亲密联结的人。

预防风险的逻辑和追求幸福的逻辑是不同的两种逻辑。排除 Mr. Wrong 是预防风险的逻辑,把除感情以外的其他风险首先排除掉,然后我们学着信任他人,尝试和他人形成联结,进而找到一个人变成"我们",幸福就慢慢展开了。

要点回顾

现在你应该知道了，爱情中不存在所谓的 Mr. Right，想要获得理想的爱情，正确的方法是通过设定三条底线原则、更新感情经历、思考为何不能选择某个人来排除 Mr. Wrong。排除掉 Mr. Wrong 以后，你既可以找好看的皮囊，走进享乐型爱情；也可以找有趣的灵魂，走进互惠型爱情。一开始有一些缺陷没关系，我们都是经过时间慢慢磨合，才成为彼此眼中对的那个人。预防风险和追求幸福的逻辑不同，两种逻辑我们都需要学习。

走出 Mr. Right 的迷思后，很多人紧跟着就会问另外一个问题：是不是只要我变得更优秀，就能找到更好的对象呢？下一节我们来讨论，A 女如何获得理想的爱情。

08

梯度理论：A 女如何进入爱情

很多女性在排除 Mr. Wrong 时，有一个很重要的底线：我要找的那个人，各方面都要比我强。那么，如果我在各方面都非常优秀，怎么办？

这一节就来讨论这个话题——优秀女性如何寻找爱。

市面上有很多爱情课，往往存在两种取向：一是告诉你要越来越优秀，宁缺毋滥，配不上你的人都不能要，只要足够优秀，单身也很好；二是要求你在关系中迎合男性，学会表演，矮化自己。

在我看来，这两种取向是两个极端，任何一种都可能让你未来的生活出现不能承受的问题。

那有没有第三条道路呢？

A 女进入爱情的三个建议

社会学里有一个梯度理论，来自爱情旧脚本。在旧脚本里，女性变得越优秀，跟她匹配的男性就会越来越少，这样的女性被称为 A 女。这个概念往往从教育层次和收入两个维度来界定。在整个婚恋市场，男性倾向于选择比自己社会地位更低、经济收入更低、教育程度更低的女性，而女性正相反。按照教育和收入，把人分成 A、B、C、D 四等：A 男会倾向于找部分 A 女和部分 B 女；B 男通常不会找 A 女，而是找跟他匹配的 B 女或更弱的 C 女；C 男则会往下找 D 女。

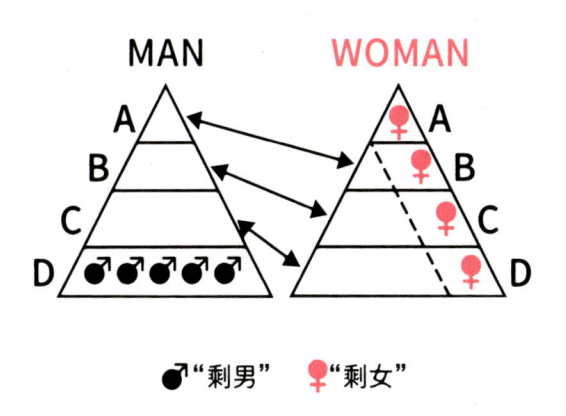

```
           MAN                    WOMAN
            A                      A
           B                       B
          C                        C
         D ♂♂♂♂                   D
```

♂ "剩男"　　♀ "剩女"

光棍大多收入低，找不到收入更低的女性。作为学历和收入很高的 A 女，面对极为稀缺的 A 男，她不仅要跟其他 A 女竞争，还要跟更多 B 女竞争。如果你是 A 女，你该怎么办？

我的第一个建议是放弃爱情旧脚本，尤其不要内化年龄的束缚。虽然梯度理论并未涉及年龄，但我们在研究中发现高学历的女性往往意味着学习年份变长，硕士毕业的女性大多已经 25 岁了，而高收入也是经历一段时间后所得的积累。所以，A 女或者"三高"女性的年龄肯定不会很小。整个社会对于 A 女的歧视并不是通过歧视你的学历来呈现的，而是通过歧视女性的年龄来呈现的，要求男性比女性大，就会使得这样的女性可选择的范围变得非常狭窄。

在爱情旧脚本里，婚姻之所以强调男大女小主要是考虑女性的生育状况。今天女性的寿命已大幅延长，再加上医疗技术，理想的生育年龄延长了很多，可年龄歧视仍然存在。很多人还在给我们灌输旧概念，年龄大就不好找男朋友了，你不再具有竞争优势了，以至于很多女性到 30 多岁就觉得爱情离自己很远，不再积极主动寻找爱情。我想告诉大家的是，我们很难马上改变外部世界，但可以尽量不让外部世界的刻板印象给自己设限。这几年姐弟恋的比例越来越高，很多女性开始接受年纪比自己小的男性，这就是很好的现象。这些走在时代前面的女性警惕社会通过生育能力来衡量一个女性的价值。女性的价值是非常多元的，比如见多识广，比如更有决断力，比如有更好的社会支持体系等，这让这些女性在总体上更具有互补性价值。

我的第二个建议是 A 女并不意味着每个方面都是 A，你可以

寻找那些在你不擅长的领域有自己 A 面的人。

美国做过一项调查研究，发现很多事业有成的女性，在日常生活中同样需要第二个"妻子"，她需要有人帮忙料理家务，照顾家庭。从互补角度来看，我在这一块比你强，你在另一块可能比我强，只要互相欣赏，就能解决问题。比如他的学历、收入可能不如你，但他对美食的鉴赏、对生活的规范、对音乐的理解等比你更深刻，这时你们就可以"女主外，男主内"，形成良性互补。也就是说，我们对人的价值其实不应该从几个单一的标准去判断，A 女自己也应该突破这样的局限。但是如果两个人都很忙碌，常常会因为交流时间不够而分手。而如果妻子比较忙碌，丈夫主内，妻子又会嫌弃主内的丈夫不上进。之所以我们常常觉得主内的丈夫不好，是因为女性总被外面的声音影响，嫁的人不如你，说明你的价值不够高，这个话语体系非常值得我们反思。

这里需要强调的是，我并不是主张你要找一个比自己弱的，而是在爱情中，每个个体灵魂的有趣程度无法用等级划分。两个人的匹配其实恰恰不需要大家在同一方面都很厉害，有差异反倒更好。两个事业心都强的人结为夫妇也会面临家庭的分工，很难做到完全的对等。如果这个时候，妻子事业心很强，能给家庭提供很好的经济支持，那么丈夫愿意在家照顾家庭，也是非常好的匹配。妻子不要嫌弃丈夫不上进，丈夫也要能欣赏妻子的强，这才能有和谐的两性关系。

研究中发现，其实 A 女配 B 男让女性发展得更好，两个人的婚姻整体也发展得更好。青年社会学学者钱岳对高攀婚姻、同类型婚姻和下嫁婚姻做过实证研究。从教育维度来说，妻子受教育程度低于丈夫，是高攀婚姻，Ｂ女配Ａ男；夫妻双方受教育程度相当，是同类型婚姻，Ａ男娶Ａ女，Ｂ女嫁Ｂ男；妻子受教育程度高于丈夫，就是下嫁婚姻，Ａ女配Ｂ男。从研究女方的收入轨迹来看，下嫁婚姻一开始的收入轨迹是下降的，可是5年后妻子的收入和其他婚姻模式相比较，会达到最高水平。于是她得出一个特别有意思的结论：人们常常觉得Ｂ女配Ａ男这种模式很好，但这种模式并非最有利于女性个人发展的，反倒是Ａ女配Ｂ男对女性的成长更有好处，她的收入获得了可喜的增长势头。当然，这其中可能有一些其他因素影响，比如工作时间较长、对工作的热爱程度等，但该研究提出了一个很重要的实证性结论：所谓的下嫁是别人觉得你嫁得不够好，而对婚姻内的女性来讲，你很可能因此受益。

这里提到的下嫁和高攀的概念，是为了尊重钱岳的原创。我自己其实不太接受这两个概念，在我看来，婚姻里不存在下嫁或高攀，两人的经济地位、长相、性格常常都是不匹配的，哪有什么下嫁和高攀呢？

我的第三个建议是Ａ男、Ａ女可以有更多元化的衡量标准。我有一个好朋友，她的第一任丈夫在事业上跟她旗鼓相当，可是很快他们就分开了，她意识到用自己的强项去要求另外一个人，婚姻很难走下去。后来她转变了思路，找了一个开饭店的小老板，小老板特别爱美食，能把两个人的一日三餐、假日生活安排得特别好。刚结婚的时候，别人都说这段婚姻还不如上一段，但只有她自己知道，这个婚姻才是她想要的。她很想在忙碌一天后，回到家里有人能帮她安顿好饭菜，让她能一下子放松。虽然现任丈夫长得没前夫帅，学历没前夫高，但她收获了真正的幸福。

所以，我经常不能理解很多相亲局设定985一定要配985，我不是说这种匹配不好，而是说这种匹配并不是必需的。不要害怕鲜花插在牛粪上，如果我们是鲜花，找到适合我们的牛粪才更有利于生长，而不是一定要和另一朵鲜花匹配在一起。长期关系是需要互补的，把这些束缚思想的条件放一放，爱情才会更可能出现。

女性跳出他人对你婚姻的审视目光，找到内心真正想要的幸福是需要自我探索的。打开对A男、A女多元化的想象，才能接近内心的幸福。

A女是否该放弃自我成长来换取爱情

当所有人都在批评你太独立、太优秀的时候，请记住，自我成长是女性永远不该放弃的目标。我特别反对那些让女性放低姿态、迎合男性的策略。很多女性也会内化这种逻辑，将优秀跟爱情对立,好像越优秀就越找不到伴侣,这完全是爱情旧脚本里"男主外,女主内"的逻辑体系。在新脚本里,你们是独立、平等的个体,现在很多男性也喜欢独立的女性,如果女方事事依赖他,他也嫌烦。

男性只是不喜欢强势的、处处要干涉他的人。自我成长并不意味着要变得强势,强调自己什么都对,而是让自己更有自信。

强势不等于独立,更不等于自我成长。

心理学家阿德勒认为强势其实是一种过度的自恋,而过度地追求自我发展,其实对于两性关系是有很大伤害的。有人认为我在经济条件上好于你,那就意味着我比你强,所以一旦认为我是正确的,我就不再愿意为你做任何调整。而独立自主或者自我成长恰恰会反思这种权利关系,会愿意打开自己,接受他人和自己的不同。

优秀跟恋爱没有必然联系,既不会让你更容易走进爱情,也不会让你更难走进爱情。但我依然要强调,自我成长应是我们永不放弃的目标。如果你坚持这个目标,你会发现在爱情新脚本里,它会带来很多好处。

首先,当你变得更优秀时,你遇到优秀伴侣的概率会更高。你学历越高,遇到同样学历的人的机会越多;你事业越好,你遇到成功人士的机会越多;你越有艺术鉴赏力,你遇到艺术家的可能性更大。所以,你的自我成长,不论对生活还是工作都是有益的。

其次，你变得更优秀后，你所给予另一半的肯定价值就会更高。很多爱情策略告诉女性，男性是需要崇拜的。可是你想想看，如果你在对方眼里不怎么有价值，你夸他厉害，这个表扬的价值就很有限。被厉害的人夸奖和赏识往往能带来更大的成就感。所以，当我们自己变得越优秀时，我们的话语权是增多的，我们的肯定是有价值的；当你放弃优秀的时候，你的这些肯定、表扬跟妥协都会慢慢失去分量。

最后，变得优秀对你自己来说也有非常多的好处。你有更强的安全感，跟自己的关系会更好，跟男性交往时，相对来讲，底气也会更足一些。你越有智慧，处理亲密关系的能力也越强。

今天，之所以越是优秀的女性越难找到合适的爱人，一方面是因为社会的局限，我们希望有越来越多的男性能欣赏强大的女性；另一方面，女性自己也需要突破 A 女一定要配 A 男的桎梏，打开对 A 的多元想象。

这两个方面解决了，优秀女性的婚恋问题就回到了和其他女性同样的层面：如何学会交朋友？如何放下寻找 Mr. Right 的迷思？如何跳出理性的局限，更多享受感性的快乐？[1]

---

[1] 爱情和事业是不冲突的，后面章节会谈到这个问题。

要点回顾

希望女性朋友们不要害怕成为 A 女，跳出爱情的旧脚本，在亲密关系里既要守得住原则，同时也要放得开。要坚持让自己变得更优秀，在任何时候都不要放弃自我成长的诉求。爱情在本质上是勇敢者的游戏，不怕失败的人才能获得最后的成功。

讲完了 A 女如何进入爱情，可能还有不少女性朋友困惑，该如何主动追求爱。我们可以主动向前一步，但这一步该如何跨出呢？我下一节来讲。

09

新脚本下的女性如何主动追求爱

俗话说"男追女，隔座山；女追男，隔层纱"，所以很多人认为女性追求男性是更容易的，但现实是女性追求男性的比例并不高，人们还是更习惯于男追女的情况。

近10年来，男性追求女性的情况也在下降，"好男人去哪里了"不仅成为媒体热议的话题，也成为学术讨论中的一个话题。随之而来的是对于女性能否主动追求男性的讨论。

可是，大部分人对于女性追求男性这件事是不太接受的，甚至女性太快接受男性的追求也被看作是"掉价"的。因为在很多人看来，女性有一个所谓的优秀品质，叫作矜持。矜持是否会影响女性在两性关系中的地位，尤其在爱情刚开始的时候？比如，第一次约会一定要男性主动，最好约上几次再答应，而且赴约时还不能早到。他给你打电话不要立马接,得响个五六下。他问你下一次什么时候见面,你一定要说自己日程繁忙,显得自己很有"市场"。好像女性越矜持,价值就越大,而越主动越会被男性轻视。

事实真的如此?

矜持能让女性获得好的爱情吗

有一个女学生跟我说,一个男生追求她六个月,表白了两次都被她拒绝了,结果没过多久他就和另一个女生在一起了。女学生很失望,觉得他是个"渣男"。我说,你拒绝了对方,人家当然有追求别人的权利。可她觉得男生只表白了两次就放弃,说明他只是把她当成选择对象之一。其实她对这个男生很有好感,只是因为矜持才拒绝,没想到他这么经不起"考验"。这其实是爱情旧脚本的逻辑,女性在婚前一定要考察男性,让男性愿意为自己付出,这样才能保障婚后的利益,由于婚后允许女性说"不"的时候不多,所以爱情旧脚本里女性不能轻易说"好"。这也导致一种误解,如果男性看到一个女性表现得很不情愿,她很可能只是故作矜持。

这种观念真是让女性吃了很多亏,因为它不断告诉你两性关系很虚假,你所有的真实感受、真实表达都不值得肯定。当年,我先生向我表白,我立马说好的好的。回到寝室,姐妹们说:"你怎么不矜持一下?"我却觉得,他条件那么好,如果我拒绝,以我对他的认识,我就没有第二次机会了,那为什么还要假装拒绝呢?

我一直坚定地认为,对两性关系乃至所有人际关系来说,坦诚和真实是基础,所有的小心机、小功利到最后都会让你付出大代价。

故弄玄虚的矜持引发两个问题。第一,容易产生误解,对方不知道你说的"是"和"不"究竟是什么意思。第二,容易破坏信任,不断被考验、被测试的感觉相当不舒服,优秀的男性会认为你凭什么要来测试我?

在性别研究中,**当一个女性说"不"时,她真的是在说"不",如果说"不"的力量被削弱,那我们说"是"的力量也会被削弱。故作矜持常常让"是"和"不"都失去力量,所以在爱情脚本中,这是需要更新的理念。**因为女性认为矜持能提高自己的价值,是典型的爱情旧脚本的逻辑。

那时女性的人生目标就是嫁一个好丈夫,追求者的水平体现了自己的价值,结婚前被追求的时刻是价值的巅峰,婚后女性的价值会急速下降,所以女性要在结婚前得到足够多的肯定,拥有足够好的选择。那时的女性大多处在被动等待、被取悦的状态,矜持就是被取悦的过程,而这个过程到结婚就结束了。

今天女性的价值不应该区分婚前婚后。如果你仍然坚持这种模式，究其原因，是你很难放弃谁追谁的模式，爱情在你眼里是竞争关系，你追我，证明你爱我更早，爱我更多。我另一个女学生分手的故事让我很吃惊，她暗恋一个男生7年，终于在大三告白成功了，但是大四就分手了。这么难得的爱情为何轻易就结束了？她说："因为心里不平衡，他没有对我过去7年的付出给出反馈。"我说："你暗恋7年，所有的心动、快乐不都是你自己的感受吗？跟他有什么关系，他又没获得什么，为什么要求他来回报？"她说："沈老师，你不觉得我付出的更多吗？在一起之后他不就是要回报我吗？"我说："如果你这样理解爱情，就背离了爱情本身。"当爱情成为一种竞争关系的时候，维护爱情就成为很艰难的一件事，因为你我是对手，而非合作伙伴。我们如何共同做好一件事？

另外，矜持还涉及自尊感的问题。杜克大学的心理学和神经学教授马克·利里提出过一个社会标尺理论。他认为人们在人际交往的过程中都会追寻自尊感，别人对我的正向反馈越多，我的自尊感就越强。而被追求恰恰是女性获得高尊重感的一个重要途径。但是，因为太多人把爱情看成竞争关系，所以大家都不愿意做那个主动的人。"舔狗"和"备胎"这两个词的出现就反映了这种现实。

今天，男性也在追求自己的自尊感，所以很多成年男性不再追求女性了。第一，怕麻烦，他们根本搞不懂女性那些似是而非的心理。第二，恋爱的替代品很多，宅在家里看片、打游戏，都能给他同样的快乐。第三，恋爱的开销实在太大，要花时间、金钱、精力，还要考虑买房子等现实问题，想想就令人头大，索性放弃了。第四，有些男性认为儿女情长阻碍了事业发展，一不小心还会成为"舔狗"或"备胎"，待到事业有成那天，自会有人来追求——男性也希望被追求，也在追求自尊。

如果两性都陷在"谁该追谁"的模式里矜持地等待，很可能谁都不会追谁。这是非常悲哀的事情，那我们应该如何解决这个问题呢？

我的建议是：勇敢点，不要怂。

2014年，学者德里克·克里格在研究"好男人都去哪里"的网络爱情时，发现一个"发起者优势"理论。在爱情中，如果你首先去接近别人，你往往会选择接近比自己条件更好的人，并设法跟对方保持长期的良性互动。女性有60%的概率可以跟更高期望值的男性保持长期联系，并且有更高概率获得更理想的资源。这就是发起者优势。反之，等到的可能是一个各方面条件都不如自己的人。

德里克的研究鼓励不论男女，都勇敢一点，首先发起关系联结，开启一份你想要的爱情。

女性该如何主动追求爱

经常有人问我：是找一个爱我的人结婚呢，还是找我爱的人结婚？我总是回答：在现代社会，我们的择偶选择权在自己手上，当然要找一个你很爱他、他也很爱你的人。

德里克的研究强调"发起者优势"，但并不是让女性看到理想型，就马上跑上去说："我喜欢你，我们能交往吗？"很多男性可能还处在爱情旧脚本中，这么做很可能会把他吓跑。你可以等到两人的关系到了"隔层纱"的时候再挑明。具体该怎么做呢？我给大家提供三种方法：一是给对方接近自己的机会，二是创造"第二空间"，三是主动肯定。

第一个方法，给对方接近自己的机会。 一项对威斯康星大学和得克萨斯大学男生的调查显示，男生在看到一个漂亮女子，拿不准她的反应之前，只有3%的人会发出约会邀约。如果你希望有喜欢的男性来接近你，首先要表现出愿意被接近的态度。另一项研究发现，有10%的男性不管女性做何反应，都不会主动接近女性；还有10%的男性是主动出击型，其中的3%甚至不管对方是什么人，自己是不是真的喜欢，都会主动出击；剩下80%的男性处于观望阶段，不是找最优秀、最漂亮的那个，而是在差不多的层次里找一个更容易接近、自己也更容易被接受的对象。

如果你的条件非常好，整个人却透露着一股"生人勿近"的气质，又或者整天忙碌，从来不跟陌生人交流，跟熟人也从不说除正事外的任何废话，那无论你条件多好，大家都会离你比较远。这不是说你要时时刻刻摆出求勾引、求追求的姿态，而是说当你有心仪的人时，你得释放信号：我有时间，我希望你再往我这边靠近一步。

当然，这一步的前提是，你能发现对你感兴趣的男性。我在做一些婚恋综艺节目的时候，常常吃惊地发现，很多人完全感受不到他人对自己的倾慕。尤其是有些原本能言善道的人，一遇到喜欢的对象，就会变得笨口拙舌。如果你能发现他对你的好感，给他机会，就不会错失好的联结了。

那如何发现别人对自己有好感？有三个方法：第一，留意谁的眼光总是在你身上停留。一般来说，我们喜欢一个人常常是从关注他开始的，所以能感知到对方的眼光是判断他人是否对自己有好感的第一步。第二，留意谁愿意接你的话头，愿意和你交流，或者虽然不接你的话，但是会用点头等方式表示自己在认真倾听。第三，也是最重要的，留意对方是否在缩小和你的身体距离。第一、第二都可能是一个善谈者的回应，但是第三常常是带有明显好感的举动。比如，他主动走到你身边来，或者和别人换位子，能更近地看到你等，都是非常重要的信号。此外，相信自己的直觉！

第二个方法，创造"第二空间"，这个概念是我自创的。 我在研究韩国爱情偶像剧时发现，男女主角经常会有"第二空间"。比如在《来自星星的你》里面，男女主角既是师生关系，又是邻居关系，有更多的条件可以在一起。

"第二空间"让男女关系产生特殊性。我的学生跟她男朋友既是同学又是摄影协会同好。在同学圈里,他们是摄影协会的伙伴;在摄影协会里,他们还是同班同学。总是比别人多一层关系,也就更容易走近对方。

"第二空间"既可以是物理空间,也可以是虚拟空间,比如玩游戏时在同一个队里。如果你觉得某人很好,不如先尝试和对方建立"第二空间",既能找到共同爱好,又能使关系产生特殊性,一举两得。

第三个方法,主动肯定。我鼓励大家主动肯定他人,但并不鼓励很快主动表白。因为今天的爱情和自我价值紧密相连,无论做多好的心理建设,被拒绝总是不好受的。

好的主动肯定要非常具体,不仅仅是一句"哇,你很棒",而且是要让对方感受到自己真的被看见了。比如在摄影协会,你夸一个男生照片拍得好,其实只是表扬了他拍的结果。但如果你这样说:"我发现你在调焦时特别有耐心,你很喜欢在选景时做多种尝试,我觉得这真的很棒。"这就是看见和肯定了对方的努力。在这个孤独的社会里,每个人都希望得到别人的关注,这种肯定能带来能量,也是交朋友的重要前提。

做好上面这些之后,如果对方也表达了对你的肯定,你和他的关系是舒服和愉悦的,当你想要确定关系时,你就可以找准时机表白了。但是有两种情况,你还可以再等等。

第一种是你做了很多努力，可你们的关系并没有升温，总是保持一开始的状态，那你失败的可能性是很大的。对方没有给你足够的回应，常常是因为他没有和你同等的热情。

第二种是你们的关系虽然一直在升温，你也给了他几次机会，尤其是身边的朋友都经常起哄，但是他一直没有利用这些机会。那你需要去判断他是真傻还是装傻。有时候，他会有自己的疑虑，可以通过其他人去了解他到底在犹豫什么。

有时候，错过也就错过了。好的感情需要天时、地利、人和，所以暂时的放弃没什么大不了的，不要把错过看作错误，有时候仅仅是双方都还没有勇敢起来而已。所以，如果你不想错过，就勇敢一点，即使被拒绝也没关系，只是时间和人不匹配而已，而不是失败或自己不够好。

要点回顾

在今天的爱情新脚本里，不应该存在谁追谁这样的竞争关系。别人的追求是对我们的肯定；但如果你喜欢上一个很好的人，对方不接受你，并不意味着你不够优秀，恰恰相反，你能看到别人的优秀，说明你是有鉴赏力的，同样也很棒。

我一直觉得独特的自我不等于孤独的自我，与社会建立更紧密的联结，有利于提高我们生活方方面面的质量。与更多的人形成联结，去看见他人，主动肯定他人，这不仅仅是为了进入爱情，也是为了让我们的生活本身变得更丰富多彩。

所以在新脚本中，女性不要失去这种主动的力量。当你遇到理想的对象，应该勇敢点。但又有很多人会抱怨：想勇敢，可我勇敢不起来，因为原生家庭桎梏太深。原生家庭在爱情中究竟发挥了怎样的作用？不够好的原生家庭会阻碍爱情的发展吗？下一节，我们来聊聊这个话题。

10

如何走出原生家庭进入爱情

我经常鼓励身边的朋友勇敢一点,要牢牢把握住爱情和人生的机会。但是,经常会得到这样的答复:我的原生家庭不好,我没有办法。

原生家庭是指你出生的家庭,相对应的是你结婚的家庭,称之为"定位家庭",原来这两个词都只用在学术上。因为这两个概念背后是比较复杂的系统理论和功能理论的结合。这几年来,心理学的普及让"原生家庭"成为一个大家都会用到的词,让我比较担忧的地方在于,这个词常常成为很多人再也无法改变自己的人生的理由。

原生家庭的影响真的有那么大吗?

美剧《犯罪心理》中,一个罪犯被捕后辩解说:"你们不能怪我犯罪，我小时候受过虐待，不幸被虐待的人长大后就成了连环杀手。"警察却回应他："受虐待的人不只会成长为连环杀手，还有一些成了抓他们的人。"这个对话非常清晰地呈现出了原生家庭的逻辑。罪犯认为原生家庭是他无法改变的理由，成了替他所有缺点背锅的借口。媒体也经常报道罪犯们回忆自己小时候如何如何被虐待。言外之意，过去别人对我犯了错，所以我现在才会犯错。

在成人世界里，你要非常警觉这样的观点，别人犯的错并不意味着你有权再犯。"我没有办法，这就是我的过去""我的原生家庭不好，所以我不够勇敢"……这些通常都会成为感情问题的借口。

弗洛伊德认为，原生家庭会带来心理创伤，造成一系列成长的问题。但另一位心理学家阿德勒却认为，心理创伤其实是人们为不去做某事或做了某事找的借口和托词。他有一句名言："过去发生的任何事对未来都没有绝对影响，关键在于你如何赋予你的经验以不同意义。"无独有偶，社会学有个符号理论，它强调人们在解释事情的时候，重要的不是事件本身，而是事件所带来的意义。

也就是说，换个角度看问题，你就会有截然不同的答案和行动。创伤可能是你无法前进的原因，但也可能是让你成长得更快的挑战，就如同感冒、发烧可能会让你处于不健康状态，但也可能提高身体免疫力，让未来的你更健康。

个体是有能动性来重新赋予创伤意义的。我们可以通过改变认知，重新定义原生家庭赋予你的意义价值。当你的自我做出了调整后，也许你能因此而开启新的人生。

原生家庭对个人成长的意义

社会学家帕森斯说，原生家庭最重要的功能就是儿童的社会化。听上去比较抽象，具体来说，社会化就是父母把自己所接受的那一套当时的社会规范教导给孩子，不仅包括应该如何处事，也包括如何处理自己和他人的关系，以及所在阶层对应的一套文化规范，比如对美的理解和实践。这是一个互动的过程，孩子也有其主体性，所以结果常常不如父母所愿。

在社会学上，原生家庭给予孩子的社会化总是落后于孩子成年以后的需求的，尤其是社会在快速变迁的时候。父母给予孩子的社会化往往是他们年轻时接受的那套价值体系和规范要求，而这套体系常常和孩子成年后的社会融入需求存在差异。

比如，我的婆婆十分勤俭节约，我们在一起生活时，她总觉得我买太多东西了，尤其是各种衣服、包包，明明包包还没破为什么又买新的，更理解不了包包要和衣服搭配的概念。在我婆婆眼里，东西够用就好，勤俭节约这套规范是她在成长时代所接受的教育，这背后更大的时代背景是当时的中国处于物资匮乏的阶段。今天，勤俭节约当然还是美德，但同时，社会的相对富足也提倡消费升级，提倡过有品质的生活，人们也习惯通过买买买来呈现自我。所以，我没错，她也没错，只是社会规范变了，社会化的意义变了。就像上一辈的父母很少对孩子说"我爱你"，不是因为他们不爱孩子，而是因为当时父母对孩子表达爱的方式不是说"我爱你"，所以我们不能在30年后控诉父母不爱我们是因为他们从来不说"我爱你"。

无论原生家庭对你儿时的规范做得多么到位，你成年以后都不得不面对新的社会规范和挑战，尤其中国发展这么快，父母无法预料你在10年、20年后要面对的问题，也没法保证你成年后能完全适应那时的社会。所谓的成长其实就是不断更新对社会的认识，而社会是在下一代人跳出上一代人的制约中不断发展起来的。从这个角度来看，大多数原生家庭是无法给孩子提供足够的成长支持的。

如果你现在适应得很好，活得很开心，那你很幸运，需要感谢父母。但如果你现在经常感到力不从心，觉得生活跟想象中的不同，那也不要怨恨，绝大部分的父母并不是故意要来伤害你或捆绑你，他们只是受时代的限制，给了你一套他们自认为正确的逻辑体系。

现代社会的公民是独立个体，这就意味着每个个体都需要学会走出原生家庭，找到适合自己的人生脚本。这种独立并不是要抛弃家庭给你的全部，那也是你的一部分，也有正面的价值。我们要做的是看到过去的自己是如何形成的，找到其中依然有价值的一面，重新赋予那些可能的创伤或挫折以积极意义，调整不适应今天社会规范的部分，积极主动地应对变化，不断更新自己，不断走向成熟。这种独立和成长不是一种选择，而是现代社会对每个个体的要求。

做爱情里的"自觉者"

在情感模式上，我们尤其需要走出原生家庭，因为过去的家庭情感交流模式遵循爱情和婚姻旧脚本的逻辑体系，想要爱情新脚本就必须更有意识地去改变。同样，并不是全然抛弃，而是要找到联结过去和现在的方式，找到联结现在和未来的方式，不断调整，完善自我。

费孝通先生提出过一个社会学概念，叫作文化自觉。生活在某种文化中的人，要对自己的文化有自知之明，你要知道它是怎么来的，怎么形成的，是如何在生活的方方面面起作用的。如果你没有这样的自知之明，人云亦云，就没办法发挥主观能动性，无法改变社会。

但是，实践文化自觉是个非常艰难的过程。第一，你要有意识地认识自己的文化，不要认为日常生活中所有的文化行为都是理所当然的。第二，要根据所处环境的不同，对原有文化进行取舍。第三，要对新文化进行取舍。最后你会形成一套完整的逻辑体系——哪些要遵守，哪些要改变。

回到亲密关系，我们要思考，现在社会上对爱情、婚姻、伴侣有哪些看法？这些看法来自哪里？哪些要改变？哪些必须坚持？大家都认为好的适不适合我？对这一系列问题的追问就是建构自我亲密关系的文化自觉的过程。

于我对爱的反思而言，文化自觉带给我最重要的发现就是中西方对爱的理解不同，传统和现代对家庭的理解不同，也因此，我提出了爱情和婚姻的新旧脚本之说。

在传统社会，人们的家庭文化是家庭主义：家庭利益高于个人利益。结婚是为了传宗接代，光宗耀祖。旧时，中国家庭对爱的理解，不是指向快乐，而是指向责任。中国人过去很少说"我爱你"，父母经常对我们说的是"我已经很尽责了，该做的事情我都做了"，这是他们理解的爱。甚至在我们结婚之后，父母还在帮我们承担责任，买房子还要他们掏钱。

而在强调个体化的现代社会，人们更在乎自我体验和个人价值的实现，用自己的选择改变人生。所以，爱意味着对自己负责，而非对整个家庭负责，甚至有时候对别人负责是在干涉他人的自主权。当我们有了这样的文化自觉时，再来形塑自己的爱情脚本就会更有方向。你和原生家庭的边界在哪里？责任、权利和义务分别是什么？父母的出发点和你的出发点具体有哪些差异？我们如何重新理解爱?……细化这些问题,才能更好地找到解决问题的落脚点。

新旧脚本没有好坏之分,责任和权利是一个硬币的两面,不能只要权利而不要责任。我们需要做到权利、责任和利益明确,多做主动的思考,寻找每一次感情行为背后的逻辑。

爱情是走出原生家庭的机会

为什么说爱情是自我成长的途径?就是因为爱情给了你一个机会,走出原生家庭的脚本。只有跟真实的人碰撞,你才知道边界在哪里,知道什么样的选择会带来什么样的后果。在实践爱的过程中,你的认知就有机会得到真正的改变。

在人的心里,有某些特别敏感、一触即发、人际杀伤力特别强的超级"情绪按钮",心理学家鲁伯特称之为"核心情结"。这些核心情结是在你成长的环境中不断累积和建立起来的,其中最具影响力的就是原生家庭。当我们和一般朋友交往的时候,往往不会触及这些深层的核心情结,但是它往往容易在亲密关系中被引爆。

伴侣一个无意识的举动、一句无心的言语,都足以使我们回到过去的情绪状态中。比如一个一直被父母打压、被优秀的姐姐比下去的男性,当他的妻子比他能干的时候,他内心深处"被比下去"的核心情结就会被触发；而当妻子在某些方面显得比较无能时，又会引发他人格中"害怕无能"的核心情结，也会使他突然间生气愤怒。这两个核心情结本质上都是由原生家庭的打压教育所形成的情绪按钮。

亲密关系专家黄维仁博士详细地阐述过核心情结对亲密关系的影响。

亲密关系难度最大的地方，就是两个人的核心情结共同作用于伴侣关系中，我的核心情结往往碰触了你的核心情结，激起彼此内心深处的痛。我们都想改变伴侣，希望过去的痛苦不再发生。同时，也期望伴侣变成我们幻想中十全十美的配偶，满足我们的所有需求。但我们的配偶不可能做到这一切，他／她会再度令我们失望。此时此刻，新仇旧恨交织，就制造出新的或更强烈的心理按钮。有些伴侣把婚姻变成冲突的战场，有些伴侣则在冲突中痛苦分手，最终抱怨自己没有选对人。

相对的，亲密关系最大的益处，是我们有了很多宝贵的机会去发掘、认识这些潜藏在心底的核心情结，我们得以更深入地了解自己与伴侣，从潜意识的主宰状态中解脱出来，用更为健康的行为模式来重塑我们的爱情和婚姻，而伴侣给我们的爱是非常重要的支持力量。

有一部叫《真心半解》的电影，讲了一个校园爱情故事，三个主角在情感的冲撞里慢慢找到了真实的自己。男孩喜欢上了学校的女神，但不太会表达，于是请了一个女学霸帮忙写情书。后来，男孩爱上了女学霸，而女学霸爱上了女神。三人面临各自的爱情问题。女学霸很聪明，但内心很困惑，不太明确自己的性取向。女神一直在犹豫，是否应该选择一个与自己不合拍，却能给家族带来利益的男朋友。每个人一开始都活在别人的眼光和家庭的影响之下，并不愿意或无法勇敢表达自我。但恰恰是三个人的相互碰撞，让他们看到了各自真实的需求，勇敢做出了选择。有一段影评我很喜欢，"抛弃全世界，去一意孤行，哪怕只换回那个一知半解的自己。这不是输，而是爱情能给你的最好的礼物"。

爱情给了我们一个机会，通过跟别人发生碰撞，看到原生家庭所赋予的社会化如何压抑了自己，看到过去规范的不适用，从而给了我们勇气和机会来重新发展自我，重新找到和他人联结的方式。爱情本身没有好坏，不是说走向婚姻的爱情就是成功的，走向分手的爱情就是失败的。关键在于你有没有抓住爱情这个机会让自己成长。如果每一次恋爱你都只会抱怨，拿原生家庭做借口，那谈任何一场恋爱都是浪费，因为你只是在不断重复困境。但如果你能抓住机会，认真了解哪些是你无法忍受的，哪些是值得你珍惜的，那这就是一份有价值的爱情。

我们谈走出原生家庭，其实是在强调，爱情里所有的关系首先是你和自己的关系，爱情给了我们一个看见自己的契机。

如果你遇到一个人，一见他就忍不住笑，和他在一起满心欢喜，那就好好地和他在一起吧。无论年龄、性别、背景多么不符合常人的眼光，无论旧的社会化认为他有多不合适。只要你的内心告诉你，对方是让你更舒服的那个人就可以了。剩下的问题，可以两个人一起解决！

要点回顾

对过去的家庭来说，爱的概念中责任占很大比例。但在今天的爱情新脚本里，我们想要得到的爱并不等同于责任。我们通过爱情不断地去和他人发生碰撞，思考自己想要的爱到底是什么。在这个过程中，我们学习倾听别人的需求，真实地表达自己的想法，同时争取自己想要的东西。

无论哪种关系，尤其在爱情里面，请你多关注一下自己，要知道，我们自己才是能为自己雪中送炭的那个人。成长最重要的力量源于自己，而爱情就是一次能借助他人力量的宝贵机会，别错过它。

讲完了如何更好地进入爱情，接下来，我会和大家探讨，两性在爱情中，是不是真的有很多差异。为什么说在爱情里的碰撞能让我们更好地看到自己? 我下一章来讲。

Chapter 3

新脚本里，爱的能力等于处理差异的能力

人类恰恰是因为存在差异，
才有了吸引力。
差异是无法消除的。
真正要解决的从来不是差异，
而是差异背后的价值判断。

现代爱情是两个独立个体之间的亲密联结，那么到底是两个相似的个体更容易长久地在一起，还是差异互补的两个个体更适合在一起？罗兰·米勒在《亲密关系》一书中指出，我们往往会喜欢上与自己相像的人，但是在长期的亲密关系中，差异所起到的互补作用，更能产生吸引力。

伯纳德·默斯坦的"刺激—价值观—角色"理论进一步具象了不同信息在亲密关系中的影响程度和影响方式。

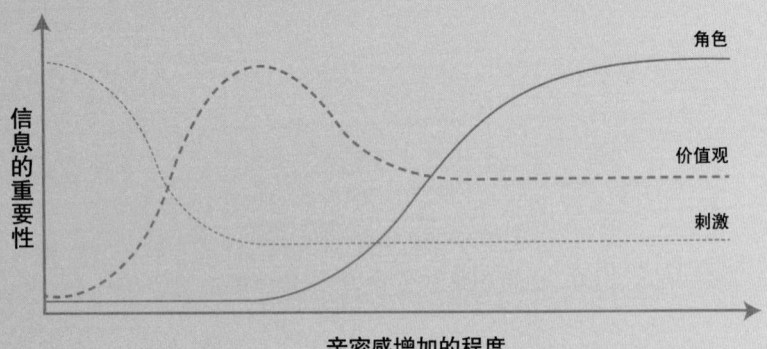

初次相遇，彼此的吸引力主要建立在"刺激"也就是激素散发的信息基础上，包括年龄、长相、气味等明显的外部特征。

随后就进入"价值观"为主的阶段，吸引力取决于彼此态度和信念的相似程度，人们开始了解对方是否喜欢同样的食物、电影和度假方式等。

再往后,"角色"的相容性变得更重要,伴侣们最终发现他们在养育方式、事业、居家等基本生活要务上能否协调好分工,对关系的发展非常重要。而分工的基础是差异,只有有差异的角色才能更好地分工合作。

这个模型经由大量实证得出,给了我们一个重要的启示。在爱情的发展中,第一阶段,以感性为主导,"情不知所起,一往而深";第二阶段,亲密关系的初期属于寻求共鸣的阶段,伴侣之间常常因为相似而感觉愉快;第三阶段,也就是长期关系中,由于需要角色分工,反倒是差异能让彼此的合作发挥更大的效益。比如事业心强的人和注重家庭的人更能形成稳定的长期关系。

除了第一阶段,我们无法依靠理性以外,第二阶段和第三阶段,人们如何认识差异和处理差异就成了维护与发展关系的核心要素。

所以在第三章,我会着眼于"差异",教大家掌握处理长期关系的最重要的能力,摆脱"爱情来得快,死得更快"的难言之痛。

♥ ♥ ♥ ♥ ♥

11

两性之间天生有差异吗

现在的年轻人经常开玩笑：以前的夫妻不和是因为性格不合，但是现代年轻人常常发现爱情里有很多问题不仅仅是因为性格不合，更可能是因为"性别不合"。两性之间真的存在无法协同的差异吗？我们需要具体来分析，什么是性别差异。

学术上把性别分为两类：一类是 sex，也就是生理性别；另一类是 gender，我们翻译为社会性别。谈论两性的差异，可以基于这两类来展开。

所谓生理性别的差异，是指身体上存在的差异，比如染色体、激素、生殖器官、第二性征等的不同。此外，还有生理上的两性概率差异，比如男性平均身高比女性高，力气比女性大，等等。

大家普遍认为男女两性在生理上的差异没有想象中的多。比较有争议的是男女的脑部是否存在差异。媒体上充斥着各种两性脑部差异的文章。但是，认知神经学家吉娜·里彭在《大脑的性别》一书中指出，在大脑神经领域，性别差异性研究历来充斥着科学无知、错误解读、发表偏倚、统计功效差、控制不恰当和其他更严重的问题，研究结论大都站不住脚。不是因为大脑有差异才产生性别化的文化，而是"一个性别化的世界会孕育出性别化的大脑"。这一观点与安吉拉·萨伊尼、科迪莉亚·法恩和莉丝·埃利奥特等的观点是一致的。

也就是说，**很多科学家认为两性的大脑几乎不存在很大的差异**。很多的脑部差异和天生的性别无关，而是与后天两性的分工有关。我们能看到的是，如果女性更多地重复家务类的工作，那么她脑中负责家务活动的部分会更活跃一点。而男性如果从事另外的工作，他脑中负责该工作的部分就更活跃一点。但如果两个小孩公平地成长，从事同样的事情，男女的脑部是没有差异的。

否认两性的脑部差异，并不是要否认男女在性别上的区别，而是对日常生活中我们认为的男女两性差异进行反思。比如：女性更温柔，男性更刚强；女性更感性，男性更理性；男性更有大局观，女性更细致……这些差异是真实存在的吗？

这就涉及第二类差异：社会性别的差异。

1993 年，美国学者通过调查发现，性别文化中存在着相互对立的刻板的两性气质印象。

男性气质/主体	女性气质/客体
认知主体/自我/独立性/主动性主体性/理性/事实/逻辑/阳刚/秩序/确定性/可预见性/控制性精神/抽象/突变性/自由/智力文化/文明/掠夺性/生产/公众性	认知客体/他者/依赖性/被动性客体性/情感/价值/非逻辑/阴柔/无序/模糊性/不可预见性/服从性肉体/具体/连续性/必然/体力/自然/原始/被掠夺性/生殖/私人性

刻板的两性气质

  这些刻板印象如此普遍,以至于人们认为这是两性与生俱来的不同,但是各种研究发现,这些不同并没有生理差异的支持,比如我们找不到什么生理特征决定了女性更温柔或者男性更理性。所以,gender 这一概念随之诞生,翻译为社会性别。

  社会性别理论强调个体的性别规范、性别角色和性别气质都是由文化建构的,文化确定了个体社会地位、角色、服装装饰、行为等作为性别身份存在的标志。换句话说,每个人所表现出来的男性气质、女性气质或者行为其实都受到了文化的影响,是文化分配给你的。比如,男生的坐姿跟女生的坐姿是不一样的。男生坐时膝盖可以分得很开,但女生必须并拢膝盖,因为社会行为规范认为女性张开腿坐是不优雅的、放荡的。

  社会性别并不否认性别差异,而是强调很多差异并非天生。这就意味着性别文化本身是可以改变的,个体也可以跳出不符合自己需求和实际情况的文化规训。

两性之间的差异在变大吗

今天,男女在各方面都变得逐渐趋同。就性别气质而言,女性需要勇敢,男性也应该温柔;女性可以很飒爽,男性也可以很柔情。就性别角色而言,所有男性能做的工作,女性也都能做,比如消防员、大型牵引车司机等。过去很多以男性为主的工作领域,比如IT行业、金融行业等,都有大量女性进入。同样,社会普遍开始认为家务活不只属于女性,男性也应该分担做饭、照顾孩子等家庭职责。

更细分的行为规范层面,女性开始健身,追求马甲线,这在过去完全属于男性。与此同时,70后的男性很少用洗面奶,他们会觉得很"娘",可80后男性认为用洗面奶很正常,90后男性已经视洗面奶、护肤品为常规用品,甚至00后、10后的男生出门还会化妆。

我们回到刻板印象的表格,会发现相较20年前,人们对于这些刻板印象已经有了很多反思。随着社会的发展,两性之间的刻板印象在不断地被解构。今天的社会已经不再把理性、主动等特征归结为男性气质,把情感、服从等归结为女性气质,女性在公共领域的发展已经势不可当,而男性也被鼓励要有更多的情感表达。

从整体上看，两性之间的差异越来越小。我们甚至发现两性之间的平均差异要远小于同性之间的差异。比如马拉松，你会发现男性的平均成绩跟女性的没多少差距，但跑得最快的男性跟最慢的男性之间的差距，跑得最快的女性跟最慢的女性之间的差距，远远超过两性之间的差距。世界田径近期发布了2021年度男女马拉松世界前十的榜单：位列男性全程第一的是肯尼亚的 Titus Ekiru，他跑出了2小时2分钟57秒的成绩；位列女性全程第一的同样是来自肯尼亚的 Joyciline Jepkosgei，她的成绩是2小时17分钟43秒。男女相差不到15分钟。马拉松一般会设置一个关门时间，"全马"一般是6小时之内没有跑到就拿不到证书了，而很多人是跑不完"全马"的。也就是说，男性内部的差异至少是4个小时，远比男女之间的差异大。

那么，既然两性之间的差异实际上是在逐渐变小，为什么我们在日常生活中总有截然相反的感受，甚至觉得两性常常处在对立的立场，很难遇到"三观一致"的伴侣呢？

虽然两性之间的差异在变小，但是个体之间的差异却在变大，尤其是在婚恋关系中，这种个体背景差异变化更明显。过去，由于人口流动性小，人们生活的直径也小，遇到的人常常是处于相同的文化背景下的。但今天，由于交通的发达，人们的生活直径早已没了界线，只要你想，一天之内就可以从地球的这一头跑到那一头，这也就意味着个体很多时候会遇到地域文化截然不同的人来匹配，这些不同点深深吸引着我们，但同时也增加了差异的冲突。

除了地域，代际的差异也在增加。社会发展的日新月异，技术的快速发展，使得过去 20 年一代人缩短到了 10 年一代人，甚至 5 年一代人，不同代际的人对于同一事物的理解可能大相径庭。

此外，教育、民族、阶层等个体的背景差异也都在变大。这就意味着，具体到两个人进入亲密关系的时候，个体之间的这些差异就会显现出来。

因此，在爱情中，我们感受到的差异，更多是由文化建构带来的个体差异，而非两性的生理差异。所以，爱情中很多因为差异导致的冲突是完全有空间进行调整和处理的，这也是爱情带给个体成长的地方。

找寻真实自我，要挣脱性别框架

对个体而言，谈论社会性别的重大意义在于，它给了我们改变男女关系的可能性。如果男女差异是天生的，那我们就没办法改变。但社会性别告诉我们，人的很多行为都是文化建构的，而我们有能力发挥主观能动性去反思这种文化，进而改变这种文化。文化改变经常落后于经济发展，个体的理性就是反思这种滞后性，从而做出更符合真实需求的选择。

我的学术起步,包括对人生的反思,就是从社会性别开始的,是它让我开始思考真实的自我。而找寻真实自我的第一步,就是挣脱性别的框架。我从小经常被批评不像女孩子,说话快,总是手舞足蹈,一点也没有苏州姑娘的温文尔雅。在很长一段时间里,我都努力让自己去迎合那个所谓的框,这个过程非常痛苦。后来我才意识到,为什么苏州姑娘就不能豪爽?我为什么不可以有夸张的表达?这就是最真实的我,它不损害我作为女性的价值,更不损害我作为人的价值。

　　系统接触了性别社会学以后,我开始反思社会对我的很多规训是不是我内心真正想要的。比如,做妈妈是不是一定要符合社会文化的规训?我发现,时时刻刻关注孩子,对孩子很温柔,也不见得对他有多大的好处。我对待先生也是如此,虽然我超级不爱做家务,但这不影响我通过自己擅长的方式获得先生的爱。我在实践中发现,当我挣脱了性别的框架,挣脱角色的捆绑,用真实的自我去跟别人发生碰撞后,我过上了想要的生活,也和更开阔的世界相拥。

　　我之所以花一个章节来谈社会性别,就是因为在两性关系里,我们所强调的爱情新旧脚本背后,其实都有一个性别规范。这个规范有时候指导我们更好地适应社会,但有时候又会制约我们的发展。通过反思性别对个体的意义,我们更深入地探讨,差异究竟如何影响了我们的生活和爱情。

越是亲密，越不能容忍差异

在第一章中，我们了解到整个社会从"家庭主义"走向了"个人主义"，今天，爱情和婚姻是个体实现幸福的途径，而非目的。因此，个体之间能否匹配成为一个重要的问题。而背景差异的增大让匹配变得更为艰难。

今天，人们在对爱情的想象里，"一致""共鸣"是爱情的重要标志，而差异则是冲突的根源。每个人都想改变对方，每个人都不想被对方改变。这恰恰让两性关系变得越来越难处理。

之所以差异在亲密关系中影响更大，是因为越是亲密的关系，我们越难容忍差异。

首先，相爱的两个人存在共同利益。 如果一个普通朋友穿着奇怪，跟你站在一起，你会觉得无所谓。但如果你男朋友或者你老公穿得很奇怪，你会担心别人因此质疑你的审美，甚至认为你没有做好伴侣的角色。当两个人成为利益共同体的时候，追求一致就变成了刚需，你很难不出手干预对方。

其次，在亲密关系中常常需要保持行动的一致性。 比如看电影，如果不是恋爱关系，你喜欢看恐怖片，他/她喜欢看喜剧片，那你们可以分别去找兴趣相近的朋友一起看，互不影响。但如果是恋爱关系，总不能一起去看电影时，你进 A 影厅，我进 B 影厅吧。出于行动一致性的需要，我们就不得不去处理差异。

最后，我们越是爱一个人，就越是想要为他好，希望他更好。所以，当我们脑子里有一条所谓正确的路时，就会希望对方不要走歪了；当我们有一个自认为好的东西时，就希望对方也能享受到。齐克·祖宾提出的这种爱情中的"联盟"和"帮助你"的倾向，也必然让人们对差异的容忍度变小。

所以，虽然爱让协商的空间变大，但也是它让我们更无法容忍差异。

另外，我们常常把"你愿意为我改变"看作爱的表现。这种观点有其合理之处，正是因为很相爱，所以我们才愿意协商怎么找到好的模式。但它也有误导的成分，尽管对方很爱你，但有时候你想要的改变，不见得是对方接受的。当对方不认同这种改变时，冲突就加剧了。

甚至于很多人在爱情中形成了一种新的刻板印象：男女在恋爱中，不管是谁的错，男性一定要首先认错，否则就是"你不爱我"。而当男性掌握了这套"认错话语"，开始"虚心认错，坚决不改"后，女性又开始挑剔男性的认错态度，觉得"不真诚"。久而久之，很多人都感觉恋爱好累，算了。

当我们不聚焦于具体事实本身，只把认错看作"爱"时，常常会忽略个体的具体需求，以及关系中可能存在的真实问题。只有直面差异，去解决一个个具体的问题，关系才能不断地向前发展。

所以，今天我们讨论两性经营亲密关系的时候，处理差异的能力就成为维持爱的能力的核心。

我鼓励你：跳出刻板印象，积极处理差异。

从社会性别的视角看，要跳出男女刻板的差异模式，不要因为男性某个行为没有满足女性的期待，就说他是"直男"，他很糟糕，而要回到个体关系中，思考我为什么会这么想，他又为什么会这么做。把问题放在台面上，去了解背后的原因。

在我的婚姻关系里，我不会把这些差异归结成"男人天生不懂这些"，我更愿意把问题拿出来，讨论我怎么做，我先生会觉得更好。我也会告诉他，他怎么做会更符合我的需求。当问题回归到个体差异时，就变成可以探讨、可以协调的了。

要点回顾

爱情是一种紧密的亲密关系,甚至有时候会超越亲子关系。能否把你我之间的差异处理好,决定了爱能否持续下去。当你站在框外去看社会文化对两性不同的规训时,你会发现男女之间的很多差异都是可以接受和改变的。

当然,在我们的亲密关系里,处理差异往往也是很难的一件事情,因为我们有了共同利益,也更追求一致。所以从性别的视角,爱情本身给了我们一个特别好的处理差异的机会。处理差异的能力不仅仅会影响我们的爱情关系,也会影响到我们的其他人际关系。

在接下来的内容里,我会和大家展开聊聊怎么处理爱情中的差异,才能让我们减少冲突,升华感情。下一节,我们来讨论应该如何重新看待差异。

12

差异的价值判断：爱情"死得快"的本质

上一节说到，男女性别之间的差异越来越小，但个体之间的差异却越来越大，这背后有社会建构的问题，也有新旧脚本混杂带来的不适。而这也给亲密关系带来了巨大的挑战。学会处理差异，是维持爱、维持关系的关键。

但处理差异并不意味着消灭差异。社会学研究发现，差异是无法消除的。**真正要解决的从来不是差异，而是差异背后的价值判断。**

人类恰恰是因为存在差异，才有了吸引力。

差异的伤害来自价值判断

社会性别理论中有一个很经典的结论：不是差异导致了不平等，而是不平等的价值观让差异显现了出来。

举个例子，每个人的脖子长度都不一样，如果我问大家：你身边的人谁的脖子最长或最美，你可能会想很久才有答案，甚至你都想不出来怎么比较脖子的长度或美丽。而这个问题如果问生活在泰国北部与缅甸边界的少数民族克伦族的人，他们会马上告诉你答案。克伦族也被称为长颈族，他们以脖子长为美。长颈族孩子从5～6岁起，就在脖子上套铜圈，一年一个铜圈，使脖子拉长。实际上，他们并没有拉长脖子，而是把肩膀往下压了。为什么我们不能快速判断脖子的长度和美，而克伦族可以呢？这是因为在我们的文化中，除非脖子特别奇怪，否则我们不太会对脖子有什么价值判断。但是克伦族不一样，长脖子意味着美，意味着家庭财富，意味着女性在婚姻市场的地位。当脖子有了这样的价值判断的时候，脖子长度的差异性就显现出来了。

同样，人与人之间也有很多很多的差异：我们耳朵长得不一样，我们眼睛长得不一样，我们的行为举止都不一样。然而，同样是差异，耳朵大小、颈部粗细等差异往往会被忽略掉，但是脸大脸小、眼睛大小、身材胖瘦等却会被反复提及。之所以如此，就是因为这些特征被价值化了，脸小等于美，瘦等于美。如果没有这样的价值判断，那么脸的大小就会像耳朵的大小一样被忽略掉。

在亲密关系里一样，导致两性出现冲突和伤害的，不是差异本身，而是差异背后的价值判断。

举个具体的例子。我在复旦大学的一个学生来向我讨教情感问题。

他说跟女朋友意见不合吵架了，虽然他觉得自己并没错，但出于对女朋友的在意和爱，他还是先做了让步，道歉了之后，双方和好了。第二天两个人再见面时，他希望女朋友能够主动示个弱、撒个娇以示关心，补偿一下自己。

可当他把这个需求告诉女朋友后，女朋友却说："你太不男人了。你有情绪不应该自己处理吗？怎么还需要我来照顾你的情绪？"

两个人因此又大吵了一架，差点分手。

这件事情具体要解决起来真的不难，只可惜双方背后都有一个没说出口的价值判断：女孩认为男孩在有矛盾时先道歉是应该的，所以男孩后来的求补偿行为，真的很小家子气；而男孩认为女孩就应该要主动示弱撒娇，如果你不这么做，那你确实不够爱我。

很多年轻情侣吵架，起初只是因为在某件具体的小事上观点不同而已，可吵着吵着就变了。"你怎么能这么说我，在你心中难道我就这么糟糕吗？""你的态度这么差，你已经不爱我了。"一旦我们对冲突做了价值判断，认为你不够爱我，你不够重视我，你不够男人……这种吵架最后一定会伤感情，而且还解决不了问题。

所以，处理这些问题的第一步就是暂且放下价值判断，就事论事，回到具体的事实上。

我们很难消灭差异，但是反思差异背后的价值观会有效地帮助我们减少冲突，用欣赏的眼光去看身边的人。

解决问题的第一步是找准问题

人们常说：找对问题，问题就解决了一半。我觉得还是非常有道理的。日常生活中除了一些重大事件，很多问题常常不是真实存在的"客观"问题。比如，你下厨做了一顿美味的饭菜，大家都吃完了，没什么具体表达，这有什么问题吗？如果你的预设是大家吃完还要表扬你，感谢你的付出，那么大家没有任何表达就是有问题的；如果你觉得他们吃完就可以了，没有预设非得感谢你，这个场景很正常；如果你的预设是他们经常不吃东西，每道菜都能吃点就不错了，那么这次大家都吃完了，不仅不是问题，还变成了一个奖励。所以，问题其实就是现实和人的预设之间有差距。

所以，当发生问题的时候，你可以多问问自己，你的预设是什么，你预设的价值判断又是什么。

那怎样才能发现差异背后不同的价值观呢？一个非常简便的

方法就是遇到冲突不要说"他怎么可以这样？"，而是思考"他为什么会这样？"。你会发现，只要稍微改变一下思考问题的方式，很多问题就可以迎刃而解了。

比如，很多女性会因为自己的身材而感到自卑。如果我们对于胖瘦的理解仅仅是大家的体质不一样，那么其实胖一点或者瘦一点都不会受到歧视。可是当胖瘦和美丑这样的价值观连在一起，和"自律"连在一起[1]的时候，胖就会被附加上很多贬义的判断：贪婪、不自控、没有吸引力、不自爱……这个时候，肥胖的女性就会受到歧视。如果时光倒退40年，那时候胖的人才是富态的，才是美的，但这个时候瘦一点的人又会被歧视。

所以，改变对胖瘦的歧视不是让大家统一身材，而是在不影响健康的前提下，认识到胖瘦各有各的美。我们改变的是背后的价值判断。所以，胖女孩要改变对自己身材的自卑，不是问：我怎么可以这么胖？而是问：为什么我觉得自己胖不好？具体不好在哪里？追问这些问题，你一定会有新的发现。比如，你觉得是"因为我太胖了，所以没有男生喜欢我"，那么你瘦了，就一定有男生喜欢吗？你会发现也不一定啊。这世界上很多瘦姑娘没有男朋友，也有很多胖姑娘拥有美好的爱情。

我也经历了一场身材认知的改变。人到中年，我发现小肚子

---

[1] 我们经常听到有人说：连体重都控制不了的人，也无法控制自己的人生。这句话就把体重和自律连在一起了，而忽略了人的体质是各有不同的，有的就是会胖一点。

上的肉肉真的没法减下来。以前我也会受价值判断的影响,觉得肚子怎么这么难看。有一天,我遇到一个前奥运冠军,他说他们研究发现,女性腹部最好要有点脂肪,因为腹部赘肉可以托住内脏器官,所以腹部有肉会让你更长寿。坦率地讲,我不知道他这个结论科不科学,但自从我的价值观念变了之后,我再看自己的小肚子,就觉得它没那么讨厌了。

所以,人在调整情绪和行动的过程中,最重要的事情是改变认知,而改变认知的第一步就是反思问题背后的价值判断,也就是预设。

在亲密关系中,如果双方预设中的价值判断不一样,就会出现一方觉得问题很严重,另一方完全没意识到有问题。

比如,男女对性都有自己的需求和感受,可如果一个女人表现出对性的热衷和好奇,人们就会认为她很淫荡,进而认为她在道德上也是有问题的,连带她作为人的价值都被全盘否定。受这种价值判断的影响,在婚姻关系里,大部分妻子不会直接跟丈夫谈论性问题。她们会觉得,性欲是不能正面、正当地言说的,同时也自动强化了对性的排斥,导致很多男性一直到离婚都不知道原来自己的太太在性方面已经忍受了很久。

再举一个关于年龄的例子。很多女性谈恋爱,都不能接受比自己年龄小的男性,这背后的价值判断是,年龄小的男性比较幼稚,而幼稚的男性是不合格的。这跟爱情旧脚本有紧密的联系。

在爱情旧脚本里，男性是保护者，是权威，要引领整个家庭成长，必然要更成熟。可爱情新脚本强调的是个体之间快乐、愉悦的感情生活，为什么非要在乎男女的年龄呢？如果我们把年龄差异背后的价值观调整一下，情形就会大不相同。比如年龄小的男生可能更热情，没那么多算计，勇于表达，很愿意展示完全真实的自我，这难道不是很理想的爱人吗？所以，改变价值判断也就改变了我们的预设，年龄的问题就不再是问题，只看我们两个人是不是真的合适。

女性年龄大怎么了？大多数人会有一个价值判断，觉得女性过了40岁就过了理想的生育年龄，可女性的价值又不是只有生育这一个标准。在我看来，40岁是多么好的恋爱年纪啊，相比20多岁，我更会打扮，更有话语权，更有资源，更自信，经济条件也更好，这不更适合恋爱吗？也许很多男性会选择年轻的姑娘，但是我们自己不用认可这种观念，我们自己可以去尝试，我们会遇到不在乎年龄的人。但是，当我们内化年龄对女性的重要性的时候，40岁就成了问题。所以我们不要把一些不合理的价值判断内化为伤害自己的理由。

很多时候，我们没有办法改变别人的价值观念，但至少我们可以先改变自己的价值判断。去追问事实是什么，去追问结论是不是我想要的，多问几个问题，慢慢地，我们就有勇气跳出原来伤害自己的价值框架，发现自己的真实需要。

要点回顾

爱情萌生于两个差异大的个体彼此吸引,但又常常夭折于对差异做太多的价值判断。对方的每一个行为都和爱不爱联系起来,导致进入爱情后举步维艰。所以,这一节我最想告诉大家的是,真正影响感情的不是差异,而是对差异不同的价值判断。因此,我们要做的不是消除差异,而是学会反思差异背后的价值判断,反思问题背后的预设,把"他怎么可以这样"变成"他为什么这样"。聚焦到事实本身,才能更好地处理问题;聚焦到事实本身,才能看到那个真实的自己和真实的他人。

13

三个方法减少价值判断的伤害

很多男性对好丈夫有一个价值判断：一个挣钱、不出轨的男性就是好丈夫。可是，现代女性要的不仅仅是你不出轨，还要有共同语言、有相互的认可和体谅。这种价值判断的错位导致了大量的夫妻冲突，甚至很多时候吵了很多次架，双方都搞不清对方为什么这么生气。

如何反思差异背后的价值判断，尽可能减少价值判断带来的伤害呢？这一节我来介绍三个步骤。

第一步：追问行为背后的意义

情侣之间发生冲突时，首先要理清差异背后的价值判断，理解双方行为背后的意义。社会发展越快，人与人之间的差异就越大，今天不仅有代际的冲突，还有中西文化的碰撞。即使我们来自同样的地方，在同一所学校学习，我们依然会有各种差异。尤其是处在不同的爱情脚本中，对同一行为的理解可能完全不同。

之前看到有位网友说："男友拿我来气前任的瞬间，我对他彻底失望了。"而另一位网友却说："男友舍不得说前任任何一句坏话，我失望了。"

两句话背后就可能包含了四种不同的价值判断。拿现任女朋友气前任，也许是男性在向前任表达"我现在找到比你更好的了"，他在肯定现任的价值；但一些女性可能会觉得"你根本就不在乎我，只是把我当成气对方的工具"。

不说前任坏话的男友，也许是在主动承担分手的责任，遇到问题首先反省自己。但在一些女性看来，如果前任这么好，分手全是你做得不好，你还对前任念念不忘，那你为什么要找我？

那些没有说出来的价值判断，恰恰是影响我们行为和情绪的一个核心问题。如果能清晰地说出来，很多问题就解决了。可要是一直压抑着不说，小问题也可能会变成分手的导火索。

张李玺教授在自己书中谈角色的期望和错位时，讲了一个有趣的案例。一个女性加班很晚回到家后，发现儿子饿得直叫，老公却跷着二郎腿坐在沙发上看电视，看到她回来便催促她赶快做饭，说自己快饿死了。妻子很生气："你早就回来了，为什么不能给孩子做点吃的？"最后她做了两碗面条，自己一碗，孩子一碗，没有老公的。老公特别生气："你怎么能忽视我？你就不能对这个家做点贡献吗？"妻子认为丈夫的心中从来没有她，也没有看到自己日复一日的奉献，还认为这是理所当然的。而丈夫认为，晚饭一直是妻子做的，为什么今天突然像精神病发作一样？案例中的这对夫妻，由于两个人在这件小事上的价值判断出现了很大的争议，最终他们离婚了。

当我们追问行为背后的意义时，我们就能看到彼此隐藏的差异，也是问题背后的问题。而承认两个人在同一件事上有不同的价值判断，是减少冲突带来伤害的第一步。

第二步：看见对方的特点

很多人在恋爱失败时会把原因归结为遇到了"渣男"或者"渣女"。这世界上当然有坏人，但大部分还是好人。

社会性别里关于差异的研究让我明白，一个人其实没有优点和缺点，只有特点。有些时候，你在对方身上看到的喜欢的和讨厌的地方，可能是同一个东西。

我跟我先生谈恋爱 5 年期间，我俩约会吃饭，我就没有掏过钱，他觉得这是他的义务，我觉得他为人慷慨特别好。结果结婚以后呢，我觉得他特别没有家庭责任感。因为他跟"狐朋狗友"出去吃饭，也都是他买单。我向他抱怨："凭什么都是你买单啊，你就不考虑一下我们家庭的经济条件吗？"

但其实大方对他来讲就是一个特点。为什么在婚前是优点，婚后就成了缺点呢？因为婚前，他买单花的钱不是我的。而婚后，这个钱是我们共有的。变的不是他，而是我的立场，以及我对他的价值判断。

其实绝大部分的人都是如此，没有所谓的优点和缺点，只有特点。甚至你爱他的某个优点，很可能成为后面你讨厌他的缺点。 比如，一个男性很擅长和女性聊天，这个特点发挥在和你交往的时候，是优点；发挥在他和别的女性社交时，就是缺点。反过来，一个男性不善言辞，和你在一起的时候是缺点，可和别的女性相处时就变成优点了。我们很难把一个不善言辞的人改变成一个善于言辞的人，反过来也很难。但是我们可以改变对这个特点的看法。

很多人碰到矛盾、吵架就想分手。但有时候，分手了也没有用，因为再换一个人，那个人身上也可能有你不喜欢的特点。所以，除了你特别不能容忍的几个特点外，学会辩证地看待特点，就是经营长期亲密关系的重要诀窍。

我跟我先生在我 40 岁前，他主外，我主内；40 岁后，我主外，他主内。年轻的时候，我们也有过不少抱怨，但现在我们特别能理解对方。年轻时，我常跟他讲，爬山的过程中也要看看身边的风景，别老看着山顶。那时我特别起劲地安排各种各样的家庭活动，经常要出去玩，要他陪伴我，我觉得我做这些特别正确。后来轮到我主外，我突然发现，原来处在事业上升期的人，目光必须聚焦在从上面滚下来的石头上，因为一不小心就会被砸伤，根本没能力也没精力去看身边的花花草草。我开始反省自己当年给他提了那么多要求，真的特别无理。而他也慢慢意识到，原来家庭里真的有很多琐碎的事要处理，也理解了曾经主内的我为什么那么忙。

所以你看，**一个人永远无法做到面面俱到，而特点本身也没有好坏，任何一种特点都是有价值的**。世上需要灵巧的人，也需要有工匠精神的人；需要有大局观的人，也需要很细致的人；需要有理性思维的人，也需要有感性思维的人。世界应该是多元的，当你很想改变对方的某个缺点时，要先提醒一下自己，也许他改变的同时，优点也就此被埋没了，这真的是你想要的吗？

第三步：Don't judge

Don't judge 的意思是，与人相处时不要做太多评判。这是西方社交场合非常流行的原则。如果一个人跟你聊天，不停地在判断你每一句话讲得对不对，说得好不好，你大概率只想冲他翻白眼，很难接着聊下去。为什么聊八卦会让人感到特别开心？因为聊八卦时大家会放下标准，不会那么上纲上线，开心吃瓜最重要。

社会学在做深度访谈时会用到一个重要原则，叫"悬置你的价值观"：访谈想要深入，采访者就不要用自己的价值观和立场去判断受访者，而是跟着对方走。面对受访者，不要表现出强烈的喜好和目标感，避免说"你讲得很对"或"我觉得这是不对的"，而是用"我觉得你说的这个很有意思，我想多听一点""有没有具体的例子，有没有细节"，这样才能深挖真相。

当然悬置价值观是很难做到的，每个人总会带着自己的立场，可只要你有这个意识，在做价值判断前，先去了解对方说话或做事的缘由，或许接下来就可以变成"你讲的这件事情我没有想过，咱们能继续聊聊吗"。当一个人觉得自己不会被评判的时候，他才会更愿意去表达自己的真实想法。

现在越来越多的人不敢在网上表达真实的想法，就是因为无论说什么，总会有人冲上来对你进行价值判断，说你有问题。于是我们都把自己隐藏起来了，这非常妨碍深度的交流。

当然，在大是大非的问题上，我们要有明确的态度和价值判断，尤其是在做决策和解决问题的时候，我们的方案一定会带有价值判断，这个是没有问题的。**但是在日常聊天的时候，越少的价值判断越有助于沟通的进行。**

最后，特别重要的是，我们也不要用这种价值判断伤害自己，去评价自己是好或坏。我做过大量的研究后发现，很多女性都在用不同的价值观不断捆绑自己，压迫自己，于是自信心不断被削弱。

这种价值判断往往来自比较。跟别人比较，我皮肤不够白，眼睛不够大，脸不够小……可就拿肤色来说，白人中也有没那么白的，黑人中也有不那么黑的。差异是无法消除的，如果我们能调整价值观，结果就会很不一样。

我小时候特别黑，头发还很稀疏，大家给我起了个外号叫"青光头"，走在路上经常会有人来跟我比谁更白，然后嘲笑我。我父亲听说后就对我说："你一定要跟别人比黑，因为黑才是健康的，那些苍白的肤色说明血色不好，身体不健康。"我母亲也对我说："白跟黑又有什么关系呢？又不影响生活，好好学习才是正道。"我父母不认为这是非常严重的事，也没有让我去反抗或怎样，别人说就说呗。是他们改变了我的认知，让我避免在小时候因为外貌而受到严重的心理创伤，并且让我明白，放过他人就是放过自己，接纳自己也就接纳了他人。

还有一种特殊情况：一方觉得没有价值判断，只是陈述事实；另一方却觉得这是非常强的价值判断。这时候就要用到"不说敏感词"的方法。

在长期的亲密关系中，有些词语可能在你看来没有批评的意思，但是如果对方对这一词语反应很大，很可能是因为双方对这一词语的价值认定是不同的，**所以要在亲密关系中设定一些"敏感词"——不管在什么情况下都不能说出口的词**。以我与我先生为例。年轻的时候，我常说他是"乡下人"，我觉得这是陈述事实。他就认为我歧视乡下人："我不过就来自农村，你就把我的很多行为看成农村行为，可这又没办法改变我来自农村的事实。"他觉得我说他是乡下人，让他很受伤。而我呢，很不希望他问我钱花到哪里去了。他会觉得这很正常，作为丈夫还没有资格过问家里的财务问题了吗？可由于我之前一直不怎么挣钱，每次听他问这些，我就感觉受到了质疑。"你看，你不挣钱吧，全是我养你的，你有义务向我汇报。"我会觉得我先生内心是这样想的，因此不愿意汇报。这对我来说很伤自尊。

于是，我们各自规定了哪些是敏感词，在日常交流中是不能碰的。如果在吵架中，我说他是乡下人，那么我就输了，他不需要再和我沟通。如果他说："钱是谁挣的？"我就可以拒绝沟通，因为他已经没有能力说服我了。

我们要知道，即使在亲密关系中，宽容也不是无限度的，宽容要用在刀刃上。你要去了解对方特别在乎的点是什么。有些词可能在一方看来无所谓，但在另一方的价值判断上却是非常严重的低价值，这个时候就要尽量避免。

无论多么亲密的关系都需要设立一定的禁区，这样才能避免没有必要的伤害。反思两个人之间的价值判断是否存在差异是解决误会的第一步，也是让交流更为舒服的基础。

要点回顾

随着我们的世界越来越多元,未来的差异一定会越来越多,如何面对差异,是每个人不得不思考的事情。社会学大家费孝通在做民族研究时提出过一个观点:"各美其美,美人之美,美美与共,天下大同。"每个民族都有各自独特的美,我们要学会欣赏。不同的美能够共存,社会才是和谐的。差异本身也是世界多元化的象征。如果我们互不接受,根本不去反思各自的价值判断,就容易激发矛盾,导致一个原本比较简单的冲突,到最后就变成了互相伤害的凶器。

那这是不是意味着,我们要抛弃所有的价值判断呢?其实我们既不需要这样做,也确实无法做到。那在亲密关系中,我们需要保留哪些价值判断?我下一节来讲。

14

价值底线：什么是"三观一致"

今天越来越多的人认为，恋爱、结婚需要两个人三观一致，这是年轻人跳出爱情旧脚本的表现，是非常大的进步，说明大家对爱情的理解，对人与人交往的理解，越来越深刻了。

从浅层的亲密关系走向深层的亲密关系对两个人的同步性要求非常高，"我们"之间会有共同利益出现，这个时候，三观是否一致对关系的发展具有重要作用。

但是，在分工方面，差异又使双方能更好地互补，更有助于"我们"整体的发展。因此，处理三观的一致和差异是亲密关系中的必修题。

三观和爱情有什么关联

简单来说，三观就是世界观、人生观、价值观。人们经常把"三观"挂在嘴边，但是三观于个人而言意味着什么，可能并没有足够清晰的认识。

世界观指的是人跟世界的关联，是一个人很多行为背后的底层逻辑。比如宗教，所有宗教得以成立的前提，是承认救世主的存在，这就是世界观。再比如，我们对未来的看法：你认为社会是往好的方向走，还是往坏的方向走；人生是越来越悲观，还是越来越乐观。这些都是世界观的范畴。

人生观指的是你认为什么样的人生是好的。比如，你觉得是生活在小镇好，还是生活在城市好？10多年前我在做幸福研究时发现，小镇居民和大城市居民对幸福的看法大不一样。大城市居民的幸福感来源于通过竞争和高投入所带来的成就感，而小镇居民的幸福感更多来自安逸和稳定。

三观的最后一个叫作价值观，它囊括的概念很大，如果简化一下来说，所谓好的生活是什么，而为了好的生活你愿意付出什么样的成本？在这里，我把它缩小一些，集中讨论在两性关系里经常引发碰撞的金钱观。

我的一个好朋友跟丈夫一直很恩爱，但在结婚前他俩在买戒指这件事上出现了很大的分歧。她看上了某个品牌的戒指，设计感非常强，可丈夫认为牌子不重要，重要的是得带钻，最后给她买了一枚钻戒。她认为丈夫不够尊重她，没能听取她的心声，照此下去，在未来的人生里他很可能不会妥协，这个婚不结也罢。后来，我分别问了两人的看法。她丈夫之所以坚持买钻戒，是因为他希望这段婚姻能像钻戒一样不贬值，他也愿意花很多努力让婚姻增值。我朋友则认为婚戒就是一个符号，向他人展示自己已婚的身份，是要一直佩戴的，所以品牌和好看的设计非常重要，它能体现佩戴者的品位和追求。所以，其实两个人都想把自己认为美好的、更有价值的东西送给对方，这跟爱不爱、尊不尊重、重不重视没关系，核心问题是两个人对金钱的价值观不同而已。

还有的人觉得节约就是东西要买最便宜的那个，而有的人认为买贵点但是能用很久的才是节约。

你会发现在亲密关系中，如何界定收益和成本以及它们的数值是很难的，不同的人对不同的事物的价值判断不同，愿意为此付出的代价也不同。所以**当我们在感情中发生冲撞的时候，要看看双方背后的价值观，很多问题都与是否相爱没那么紧密相关。**

追求协调，也包容差异

三观一致对爱情的早期阶段很重要。当我们发现彼此三观一致的时候，我们会有共鸣，会觉得自己遇到了对的人而欢欣。但是，世界上不存在完全一样的人，如果你把三观一致细化到毛细血管，要求方方面面都一致，那几乎是不可能的。

我和丈夫很相爱，我们大的三观很一致，都觉得人生需要自己努力才能幸福，如果能对社会有贡献，那人生就更有意义。但是我们有很多方面的观点都不同。比如，我跟我先生关于孝顺的理解就很不一样。我认为孝顺就是顺从爸妈，他们想干吗就干吗，开心就好。我先生眼中的孝顺是，我们应该引导父母过更积极的生活。我爸爸抽烟抽得很凶，我先生认为应该想办法帮他戒掉，让他过更健康的生活。这些差异的确会让我们产生争论，但是好在我们能够互相理解和宽容。最后我们做出决定，他可以去影响他的爸妈，让他们去过积极的生活，而我就顺从我的爸妈，他们爱干吗就干吗。

我们的金钱观差异更大。在一起生活了 20 年后，玩《令人心动的 cp》这个桌游，我们依然在金钱观这套卡牌中走不到五星。所以，我们在日常生活中对家庭经济的安排常常通过签约的方式明确各自的行为边界和理财逻辑。

所以，**核心的三观要一致，但是一定要接受彼此在很多观点上可以不一致**。我们能接受对方和我的不同，我们能接受同一件事，对方用不同的方式去处理，这样关系才能长久。

这里也要强调，**三观并非一成不变，它是会慢慢改变的**。

我和我先生刚结婚的时候，我很喜欢一次性买好几种不同品牌的洗发水换着用，可我先生认为这很浪费，他喜欢用完一瓶再开另一瓶。10 年后的某天，他突然跟我讲："为什么别人家的生活精彩到连洗发水都有好几个品牌，我们家却只有一种呢？"我说：" 在这 10 年里，我们互相影响，你成了我，而我成了你。"人生的成长让我们的价值观各自发生了变化。

年轻的时候容易收获爱情，是因为那个时候我们的三观并不稳定，我们更容易不断磨合，不断改变，不断影响对方，达到相似。到了一定年龄后，谈恋爱就会变得比较艰难，因为各种观念已经成形，可协调的空间变小。这时我们就要反思，是不是自己的观念太过定形，以至于完全无法接受差异，无法进行调整。

但在亲密关系里，对差异宽容并不意味着放弃底线，你内心的底线，构成了你的核心价值观，而跟符合核心价值观的人在一起，相处起来是会更舒服的。

我和我先生在学生时代恋爱时，他经常来我宿舍楼下等我。有一次，他非常偶然地在宿舍楼下遇到了一位老太太，这位老太太正因为一些历史遗留的房产问题求助无门。我先生正好是法律系的学生，在详细了解了情况后他决定帮助这位老太太。此后的一年多时间里，他帮老太太逐一梳理问题，陆续解决了遗失的房产证怎么补、怎么去证明等一系列的事情。很难想象一件在世俗意义上看来毫无回报和价值的事，我先生却坚持为之奔走了一年多。

但在我看来，这是挺好的一件事。我俩都有一个核心的价值观，人活在世界上，能为别人提供帮助是一件特别快乐的事情。所以，他能接受我每次去管别人的闲事，而他每次管闲事的时候，我也会看看自己能不能帮些什么。但如果你觉得多管闲事没有意义，甚至会影响个人的生活，那如果你找了一个骨子里乐善好施的人，显然你们的底层核心价值观就是不一样的。而这种不一样，常常会让你们无法互相欣赏，生活也会变得越来越不快乐。

如何面对三观不一致

如果你们在同一类事情上反复冲突，很可能就说明你们的三观不一致。对此，你有两个选择。

第一，重新审视两个人的三观，判断是不是核心价值观，如果是的话，就需要进行结构性的调整，反思两个人有没有办法在一起生活。换句话说，是不是得考虑离婚或分手。

第二，如果发现不是核心价值观，那么两人需要确立行为边界，确定是你、我，还是我们的事，找到解决冲突的方法，比如我和我先生对孝顺的处理。

不做任何让步的婚姻是很难长久的，我们要承担的是每一种选择的后果。如果某件事，你坚决不让步，对方决定分手，作为成年人，这个后果是你应该承受的。

那么哪些可能是核心价值观，哪些又是可以调整的价值观呢？这个答案当然是因人而异的。在这里，我也试图给出一些常见的底线问题和可以协调的三观问题。

在《令人心动的cp》这套情感沟通的卡牌中，我设计了四种类型的题目：底线题、关键题、差异题和开放题。

底线题涉及"我们"的重要事宜，这些问题就是核心的价值观问题，最好在初期关系中双方能达成一致，这样在长期关系中更能维持，当然，有些问题的答案在未来可能会发生变化。

关键题是指那些对关系很重要，但不强求答案一致的题目，只要能协商出一个双方都能接受的方案，这些问题就能解决了。求同存异是解决关键题的方法，而随着感情的加深和越来越多的共同经历，关键题的回答也许会趋向一致。

差异题是指那些存在差异，但不一定会影响关系的题目。某些差异在初期关系中的作用和在长期关系中的是不同的，初期可能会让大家产生一些矛盾，但在长期关系中，"不同"往往更有助于亲密关系的深入。

开放题是指那些拓展亲密关系边界，但一致与否并不重要的题目。这些题目的探讨，能让大家的生活变得更有情趣，能让大家意识到很多问题不应该成为影响亲密关系的因素，由此产生的争吵意义也不大。如果你很难接受别人的开放题答案和你的不同，那就意味着你的择偶空间很可能特别小。

游戏的过程，首先能帮助你理清自己的三观。其次也可以留意一下不同题型中你们答案的一致性，那些底线题一致、差异题不一致的情侣很可能是"天作之合"。

当然，你也可以自己来界定哪些是你的核心价值观，是你不可动摇的底线，但是也请记得，你的底线越多，彼此协商的空间越小，所以要在底线和妥协之间做好平衡。

要点回顾

我女儿说过一句很经典的话:"没有三观一致的伴侣,只有努力靠近对方三观的伴侣。"年青一代果然很厉害,一句话就找到了症结所在。这就是为什么我将三观一致放在进入爱情后的模块来讲。因为要先有爱,你才愿意为了对方去调整自己的三观。三观能否协调和你本身储存爱的能量多少是有关联的,当你对对方宽容的限度跟不上三观冲突的节奏时,往往也就到了要说分手的时候。我并不认为因为三观不一致而分手是糟糕的,因为这会让你不断反思,自己在乎什么,适合什么样的人。每一次恋爱都让我们更清楚地知道自己的核心价值观是什么,哪些方面需要拓展,哪些方面需要坚守。

下一节,我来讲讲差异的价值,如何让差异来促进爱。

15

差异的价值：如何让差异促进爱

处理差异的能力，其实是让爱情延续的能力。如果放到更大的人际关系层面看，处理差异其实是处理所有人际关系的核心。而其中的前提是，不要将差异看作是负面的。

几年前，我跟一位美国教授在国内合开了一门家庭社会学课程。有一天课上，大家一起讨论《泰坦尼克号》，好几个同学都表示，男女主角虽然很相爱，但如果他们真的结婚，估计生活会很麻烦，因为阶层差异太大了。美国教授感到特别吃惊，为什么中国学生会认为差异是负面的，而非促进双方更好成长的契机？听他这么一说，我也深受启发。在第5节中，我们提到过，情侣因为相似性走在一起，可要想在18个月后还能共同成长，就需要互补。担心 Rose 和 Jack 后面生活不好，认为差异一定会带来问题，这都是我们的刻板印象。

这一节，我想跟大家分享的是，如何更正面地看待差异，用差异促进爱情。前面我已经带着大家从质问"他怎么可以这样"到思考"他为什么这样"，这节让我们再进一步来看看"他这么做的好处原来是这样的"。

三个维度，重新看待差异

下面，我为大家提供几个重新看待差异的维度。

第一个维度，差异可以扩大视野，让你的生活变得更加丰富多彩。

我跟我先生的差异很大，他是理科生，我是文科生，他来自一个相对父权的家庭，我来自一个相对女权的家庭，我们的生活习惯也很不一样。

我特别感谢社会性别和家庭社会学，尤其是前者，它带给我重新看待差异的视角，于我而言弥足珍贵。可以想象，如果没有这门学科，我们两个很强势的人在一起，会有多可怕的冲突。

比如，我出去旅行喜欢提前安排好，按照计划走，但是我先生喜欢临时起意。有一次，我们去新疆旅行，我们本来计划好去看一个葡萄园，但走到半路，我先生突然看到有一户人家门户大开，一位年长的老人带着两个孩子在外面晒葡萄干。然后，他就突然起了兴致去跟老爷爷打招呼，还想去他家看看，那老爷爷也很热情，就招呼他进去。

这是我们第一次走进一个新疆老百姓的家里，我看到了跟汉族不太一样的生活方式和居住模式。我做了多年的家庭研究，这次走进一个真实的新疆家庭，又有了许多启发。换作以前，我肯定会因为他随意地打破计划而焦虑，但现在我把旅行看作两个人在一起的事情，是不是按照计划，反而就没那么重要了。

你看，只要不认为差异是问题，主动去接受，世界就会因此变大。恰恰是因为他跟我不一样，我才得以打开视野，拥有了这些额外的感受和新鲜的体验。

第二个维度，差异会带来不同的解决方案。

情侣之间因为有差异，所以面对同一问题的解决方案往往不同。如果我们能看到不同方案的价值，就能发现更多可能性，甚至找到更有效的方法。

还是以旅行为例，我先生朋友很多，每到一处，朋友们都会热情地请我们吃饭。从前我觉得这很麻烦，会搅乱行程。我俩针对这个问题展开了讨论。我认为，如果朋友到家里来，我就要给朋友做饭，还得张罗这张罗那的，这很麻烦，所以虽然朋友们没说，但我们的出现也可能是麻烦。可是我先生并不认同，他的想法是：当你到一个地方去，谁都不影响，谁都不打搅的时候，其实你是在跟对方散发一个信息，也就是说他不要来打搅你。可当你到一个地方去打搅别人的时候，其实你也在散发一个信息——你愿意跟他建立联结。你这次去麻烦他了，他下次到上海来，一定会来麻烦你。这样子你们的联结就更紧密了。这些联结越紧密，人际交往的面就会越大，也越有利于你们的事业发展。

我是做性别研究的，经常会讲我们女性在职业发展里如何向前一步，如何跟男性去竞争。那天的对话让我突然意识到，一直以来，我们女性是待在家庭里的，每一次有人来家里，都是我们女性承受麻烦，但我们并没有享受到联结的好处。所以在女性的逻辑里，会本能地讨厌这种打搅。当我们在公共领域发展的时候，我们跟别人的联结也相对不那么紧密，因为我们不愿意麻烦别人，不愿意主动伸出联结的手，这其实会影响女性的发展。所以如果在公共领域，你想往前走一步，你就要勇于去麻烦别人，去建立这个联结。

在这个过程中，由于我们在解决问题上的思路不同，使得我打开了对更多问题的思考。

第三个维度叫作平衡"战略性社会性别利益"和"现实性社会性别利益"。

这两个词听上去很学术，我来解释一下。从女性的角度来说，战略性社会性别利益是指一个与当前性别关系不同的、男女完全平等的关系，打破过去的旧模式所设定的女性理想的利益模式。而现实性社会性别利益是指女性在日常生活中因具体情况而形成的具体需求,这常常源于旧脚本中传统的性别分工对女性角色衍生出的一些要求。

举一个现实的例子,一个女性生完孩子要休产假。从战略性角度来看,我们希望刚刚生完孩子的女性在劳动力市场上和男性可以是平等的。可从现实性角度来讲,生产后的妈妈需要更多时间照顾孩子,产假要长一些,这是现实的利益需求。可产假越长,女性在未来的劳动力市场上竞争力就越弱,影响女性的战略性社会性别利益。这就形成两个争端,在制定具体政策时,就要平衡两种利益间的差异。

爱情也是一样的。很多人会鼓励你去撩汉,告诉你在爱情刚开始时去扮演讨好的角色。这在短时间内很可能有效果,可从长远来看,两个人应该建立平等美好的关系,一开始的表演会损害长远的利益。但你也不能说,我们从一开始就要把未来所有事情都讲清楚,或者把我的缺点先展现给你看,这样你很容易卡在步入关系的初始阶段。

在两性关系里到处可见两个极端的差异,有人更在乎长远利益,有人更在乎短期利益。男人结婚后要努力挣钱,他是看长远利益的,家庭发展很需要钱。可女方说"不行,你要天天陪我",这是现实性的考虑。双方都有合理性,但如果两个人一直坚守各自的立场不让步,就很难和谐共处。所以平衡至关重要,既要考虑现实性利益,又要考虑战略性利益,在两个维度里找出相对合理的第三条路。这就是摆荡理论,后面我会详述这个理论该如何实践。

除了上述三个维度之外,**差异还有一个非常重要的价值,就是为各自的人生互补。**

我有一个男性朋友,是搞学术的,妻子是中专毕业,他们的爱情特别有意思。他说的话她大多不懂,他感兴趣的东西她也不太喜欢;他喜欢打打网球、看看书,而她最喜欢追剧;他喜欢到实体店买衣服,她最爱拼多多。他做学术有时特别苦闷,生活中邋里邋遢,她将家务打理得井井有条。他看书时她不会打搅,他说的话题她不懂,也不会觉得自己被嫌弃了。他觉得有这样的老婆特别好,他们真正理解了差异的价值,懂得欣赏两人的不同,过着互补的生活。

爱是处理差异的能力

有了上文提到的重新看待差异的三个维度,把这些运用到日常生活中,就会改变我们的亲密关系。

我再讲个故事。我一个朋友的丈夫是军人,前年转业回家,两个人好不容易能生活在一起,可一年多以后,她就觉得日子过不下去了,要离婚。因为她发现,丈夫不仅自私、大男子主义,还刚愎自用。她对丈夫的评价几乎全是负面的。我很好奇,就问她:

"之前你明明觉得他很好啊，你们的矛盾是怎么来的？"她说丈夫从部队转业回来，由于离正式安排工作还有大半年时间，就加入了小区的维权组织。但是这个做法她非常不认同，她认为丈夫转业在即，口碑很重要，维权虽然是为小区争取权益，却也容易卷入许多纠纷，应该先多了解情况，明年再去。可是她丈夫认为在维权组织上自己能起到很积极的作用，能推进小区的建设。两个人常常为此吵架。

我问她："你是觉得你先生很幼稚，你担心的这些事他都不知道吗？"她说："不，他也承认我有道理，可就是不改。"我给了她一个建议："你先不要想着怎么爱他，而是先想着怎么了解他。反正你想离婚，不如现在就把他当成一个朋友，去了解他为什么这么做，然后再看他这么做究竟有没有好处。"

一个多月后，我收到了朋友的邮件。自从她开始了解丈夫的想法之后，慢慢地意识到他做的事也是合理的。因为参与维权，小区里的人对丈夫的评价很不错，他们家也因此享受到了好处。我朋友开始反过来思考，是不是自己比较自私。我说："你不要给自己贴这样的标签，你只是对个人利益更关心一些，仅此而已，这不是缺陷。"当她打开了看待差异的视角后，我追问："你希不希望你丈夫对外界的事都漠不关心，只在乎家庭？"她想了想，那好像也不太男人。我们很多时候想改变对方，可是到最后却把对方改造成了我们不喜欢的样子。

我的这个朋友显然和她丈夫的核心价值观是一致的，但是她在判断丈夫行为的时候，把和她想法不同的地方都看作是负面的。在这个故事中，我所做的每个追问的基础就是我不把他们的差异看作是负面的。我只是通过追问来确认他们问题背后各自不同的价值判断究竟是什么，了解问题产生的原因。在这个基础上，再去追问差异的好处，思考我们可以从中获得什么，最后再找到求同存异的方法，让两个人的需要都能被满足，互相打开各自的世界，形成良好的互补。我鼓励大家谈恋爱，因为亲密关系中的差异是最需要处理，也是最难处理的。如果我们能把这个问题处理好，我们也就更有能力去处理好外部关系里的差异。在这个多元化的世界，处理差异是核心能力，如果做不到，那你就只能活在自己的世界里。两个人在一起，追求全方位的一致，容不下一点差异，那你的世界一定会越变越小。相反，**如果你用差异打开新的视野，让差异成为新的解决方案，平衡当下与未来、现实利益与战略利益，你的世界就变大了，两个人的世界也将得以整合，你们整体的资源体系也会更加丰富**。这就是两性关系的差异带来的好处。

要点回顾

在这一节,我们对差异有了更公正的认识。差异本身没有好坏,它只是众多价值判断的表现。我们首先要有意识地看待差异背后的价值观,容忍不同的价值观,最后做到欣赏不同的价值判断。我们在寻求三观一致时,一定要在容忍的底线之上,尽可能打开对差异的想象。

我非常喜欢费孝通先生讲到理想社会时的一段话:"各美其美,美人之美,美美与共,天下大同。"不论是在宏大社会叙事中,还是在微观的情感世界,这一宗旨我觉得都是非常值得提倡和贯彻的。

下一章,我们来讨论,在差异中,你、我、我们这些关系该怎么处理,我们如何在亲密关系中保持独立。

Chapter 4

"我们"和我：爱情的联结和自我的独立

过去我们一旦结婚，
"你"和"我"就彻底变成"我们"。
而今天我们的关系里是首先有你，有我，
然后才成为"我们"。

现代爱情是两个独立个体之间的亲密联结，所以在爱情新脚本中，我们不得不学会处理"独立个体"之间的关系。我在第一章中提出，爱情的一个重要的功能就是让我们自己找到"独特的自我"。当我们在寻找自我的时候，这个"我"是和其他个体区别开来的，强调独立性，强调和他人的边界。而当我们谈到联结的时候，是在讨论"我们"，又是需要打破边界的。两个个体之间既要保持边界，又要打破边界，爱情的矛盾性就在此。

对中国传统文化来说，"独立的个体"本身就是一个非常新的概念，背后所涉及的个人的权利、责任、利益等关系非常复杂。金观涛和刘青峰的研究证明了"个人权利"的概念是20世纪初才出现的新词，直到20世纪末，家庭领域谈个人权利对很多人来说依然是很陌生的一件事。当年青一代对自己的父母说"这是我个人权利"的时候，父母常常会反问："你吃我的喝我的，还和我谈你的权利？！"

可是，当爱情的脚本从缘分婚姻变成爱情婚姻后，处理你、我和我们的关系就成了亲密关系中非常核心的话题。你、我、我们的边界和背后的逻辑没有理清，很多矛盾和问题就无法完全解决。

本章就聚焦"你""我""我们"的关系上，展开对爱情的深度讨论。

16

独立和联结的矛盾：
爱情新脚本里的独立自我

这一节，我来讲讲独立女性在亲密关系中常遇到的问题：自我迷失与恐慌。

之前 papi 酱生孩子的时候，感叹做妈妈真不容易，结果微博上有人就她的孩子冠夫姓这点攻击她，我觉得特别奇怪。因为法律给了我们平等的选择权，孩子跟父母任何一方姓都可以。个体可以根据自己的实际情况，去做最优于自己的一个选择。但部分网友的批评潜台词是，独立女性就应该时时刻刻保持自我，孩子跟夫姓好像女性就失去了一部分自我权利，甚至成为妈妈后，独立女性的形象也受损了。[1]

类似的事情不只发生在明星身上，日常生活中很多女性都会有这样的问题，是不是我们关系越亲密，我的自我就越会因此受损呢？当我为人母时，我的"自我"就被母亲的身份压制了吗？这是今天爱情和婚姻新脚本中一个很重要的话题，我在做母职研究的过程中就发现了这样有意思的争论，**母亲的身份和独立女性的身份之间，确实是存在张力的**。

独立女性在爱情中面临的困惑

五四运动早期，中国的女性主义运动有两种不同的声音。一拨由男性学者主导，推动女性去求学，放脚。他们认为，中国之所以落后，是因为少年不强，少年强才能国强。少年怎么强呢？他们的妈妈一定要强。妈妈弱了，孩子自然养不好，所以他们主张女性要走出家门，成为追求科学的、合格的妈妈。可同时代的女性主义者和女性社会活动家已经意识到，女性是独立的个体，不能用"妈妈"这个身份来界定，女性追求的独立自主与"妈妈"这个身份没有必然关系。比如，秋瑾就像男性一样投入社会工作中，她认为她的独立性是不受传统角色制约的。

---

[1] 当然，从占有社会优势地位的女性需要率先一步做表率这个角度来评论这件事有一定的道理，但是个体选择的权利边界也是这场争论中需要考虑的点。

这两种不同的意识也恰恰是爱情新旧脚本冲突的重要体现。爱情旧脚本强调的是角色，女性要去迎合妻子和母亲的角色。但在爱情新脚本里，我们的目标变成了追求个人幸福，走入爱情是为了让我们更好地成长。所以在新脚本里，个人的意识是高于角色价值的。可是由于新旧脚本的混杂，当我们面对亲密关系，尤其在跟另一个人靠得很近时，我们常常会有这种恐慌，我的自我会不会因此而迷失呢？成为妈妈是不是就意味着失去自我呢？这种恐慌是现实存在的，也是值得我们思考的。

这种恐慌背后，其实是把独立自我和亲密关系中的依赖看成了二元对立。我在前面谈论爱情的意义时强调过，与他人形成联结是爱情的重要意义之一。可在讲爱情新脚本时我也强调，爱情在今天是自我价值的呈现。这两点在爱情旧脚本里是不存在的。**所以在爱情新脚本中，要想处理好爱情，就不得不处理好独立自我与依恋之间的关系**。这不仅与我们的社会发展有紧密联系，也跟我们对爱情有更高的期望值相关。讨论这个话题，就要从"自我在亲密关系的不同阶段有着不同呈现"这一更为根本的话题谈起。

亲密关系从"抱紧我"到"别管我"

英国生物人类学家莫利斯认为，儿童对父母的爱分为三个阶段——抱紧我，放下我，别管我。抱紧我，我要跟你紧紧黏在一起；放下我，我要自己行走；别管我，我要自己独立做事。其实，成人的爱情发展也会出现这三个阶段，区别在于这三个阶段不是线性出现的，很多时候会同步出现，所以比亲子关系更为复杂。

爱情初始，"抱紧我"的需求是主要的，这是本能需求，我们在寻找联结，这里面也有多巴胺等各种生理要素在起作用。我们常常形容，fall in love，即坠入爱河，"坠"是非理性、不可控的。很多人说爱情让人变傻，也是因为处于"抱紧我"的状态，感性超越理性，占据了更主动的位置。对独立女性来说，这个阶段可能会面临以下三个问题。

第一，自我失控。很多女性一谈恋爱，就很想和对方黏在一起，眼睛追着对方不放。就像很多女孩子追 cp 一样，她们会经常分析 cp 的身体语言，这个人的目光离不开那个人了，称为"拉丝眼神"，她们觉得这就是爱的感觉。青少年谈恋爱失控更严重，上课会不停地看对方，下课就追着对方跑。对方要是跟别人在一起，还会生气吃醋。理性告诉我们这样不对，对方当然有权利和别人说话，可感性不能接受。作为独立女性，处在这种非理性的感情状态中，会让我们非常恐慌，只是谈个恋爱而已，我怎么就变傻了，怎么就变得越来越不像我了，我是不是应该跳出来？于是就产生了逃离的念头。

第二，由双方投入程度不对等所导致的自我怀疑。在"抱紧我"的阶段，有的人抱得很紧很紧，投入很多，而有的人由于种种原因没那么投入。当双方的投入不对等时，投入多的一方就会有被轻视的感觉，会产生一些自我怀疑，比如对方不够爱我，是不是因为我不够好，等等。当我们在亲密关系里把自我拿出来碰撞时，那些负面的反馈会让我们压力很大。

第三，经验不足所带来的无措。爱情里的联结跟亲子关系中的联结是很不一样的，我们不太会担心妈妈明天不爱我了，可在爱情里这种担心随时随地会出现。如何建立联结？怎么能抱紧别人？合理的距离是什么？对于这些，没有经验的话，我们就会觉得手足无措，这会反过来加剧自我的失控。

所以在这个阶段，一方面，我们觉得爱情非常甜蜜，因为在这之前我们从未体验过想和别人抱紧的感觉。但另一方面，这三个问题也会让我们感到痛苦，想要逃离，因为一个人越是独立就越无法接受自己的非理性。

但我想告诉大家的是，人生偶尔也要有这样失控的体验，因为这恰恰是人类出于本能的，由想要跟别人形成联结的美好愿望所触发的一种身体机能的大爆发。

爱情在开始或很长一段时间里，就是感性胜过理性的，这也是人类区别于其他生物的地方，它彰显了人性的可爱，也凸显了爱情的价值之高，而人生中这种体验的机会不多。很多时候恰恰是因为我们太过理性，用理性捆绑住了感性，才会非常警觉地退缩，如此就不能很好地享受爱情了。这个阶段不会很长，所以不用太担心。我们可以在把握底线的基础上，享受一下这种失控的感觉。

经研究发现，这种激情来得猛烈，退去得也快。**大部分伴侣结婚 2 年后，亲密程度要比新婚时减弱一半，4 年后基本上已经到了"别管我"的状态。**这其中有生物学方面的影响，比如多巴胺的分泌具备一定的耐受性，也会有其他人际关系的压力和需求，此外恋爱本不是生活的唯一，我们还有个人的事业要去发展。

相较女性而言，男性会更早进入"放下我"和"别管我"的状态。在原始社会中，女性更多从事采集工作，强调协作的重要性，因此女性被更多地鼓励分享和合作；而男性更多从事狩猎活动，一个人一把弓就能打到猎物，所以他们不重视沟通。《男人来自火星，女人来自金星》这本书里就提到过，男人遇到问题很喜欢"钻洞穴"，直到想明白了再出来。女性则更喜欢沟通，你跟我聊聊，我来告诉你怎么办，而男性这个时候会说：放下我，你别管我。于是我们女性就很生气，指责对方：我明明很关心你，你却拒绝我，你不够爱我。这其实是由于两性感情阶段的不同步导致的。男性从小被教育要独立解决问题，更多时候处在"别管我"的状态，而女性在亲密关系里，更强调要一起协作。虽然我们现在已经早就不在原始社会了，但是由采集文化形成的女性气质和狩猎文化形成的男性气质依然在影响大家。

不仅两性的状态常常不同步，我们每个人在"抱紧我、放下我、别管我"的阶段所处的时间也是不一样的。如果一方比较快地从"抱紧我"的状态抽身，而另一方还没有完全走出这个阶段，没有走出的一方就会感到很不公平。所以你不要马上觉得对方喜新厌旧，不爱你了，而是要想一想，他可能只是想要更多独处的时间去做更多的事。爱情里的两个人就是要不断磨合，了解双方在这三种状态里各自的节奏是什么样的。我们自己有个节奏，也要尊重他人的节奏，双方找到平衡的状态，就会舒服一些。

比较复杂的是，**即使我们进入"放下我"和"别管我"的状态，"抱紧我"的依恋关系依然有必要**。如果没有这一点，两个人就形同陌路了。在爱情里，两个人形成独特的依恋关系，体现在我们是一个经济共同体、责任共同体和情感共同体上，我们有性关系、有共同的爱好甚至共同的朋友。这些都是"抱紧我"之后产生的结果，未来也会不断持续发展下去。所以我们一方面要保持独立自我，另一方面也要保持彼此的这种联结。在爱情四象限理论中我也提到，感情的状态不是一成不变的，我们从某一种模式进入，也会走向其他的模式。想要永远停留在"抱紧我"的阶段，不现实，不稳定，也很难幸福，而长久的亲密和承诺，在某种意义上是比激情更稳定的。所以感情会不断变化，呈现新的状态，最终变成"抱紧我、放下我、别管我"三种状态交替出现的样子。

既然这三种状态缺一不可，我们既要相互独立又要彼此依恋，那要如何在"放下我"和"别管我"的阶段维持一定程度"抱紧我"的状态呢？

在摆荡中寻找独立和依恋的平衡

巴克斯特的三角关系摆荡模型,也叫爱的摆荡理论,为我们解决这个问题提供了很好的思路。摆荡理论认为,感情不是固定的,如果你希望两个人关系能持久,你就要在独立还是关联、开放还是封闭、老套还是新鲜这三个维度的选项中摆荡,而不是停留在某个固定的点上,或由一开始的彼此独立向相互关联这样线性地发展。感情的状态应该是混杂的,有时候我们是彼此独立的,而有时候我们又是紧密联结的。

巴克斯特还提出了五种具体的摆荡,也是五种我们思考亲密关系问题的方向。

第一种是循环,就是先做出时间上的切割,然后循环往复地进行。平日里我们各自活动,强调自主,周末我们强调关联,两个人可以一起看电影、听音乐会、运动。

第二种是区隔,就是建立不同的关系领域,满足两种不同的需求。比如,有些活动我们一起参加,有些活动则分开参加,这也叫空间切割。比如,我逛街买衣服永远是跟闺密一起,运动时反倒更喜欢和我先生一起。

第三种是妥协,你是选择和很多人形成联结,还是只跟唯一一个人联结?这也涉及我们过去的人生经历和我们对人生的目标追求。我在跟你建立亲密关系之前,可能还跟别人建立了紧密的关系，而这些是我遇到你之前的人生，跟你没有关系，没必要非得把过去所有的事情都告诉你。也就是说，爱人之间不必共享每一部分的人生，我们可以把人生切割为不同的板块，只切割出一块共享的时间、空间和利益在一起。

第四种是暧昧，我们并不在时间和空间上有明确的切割，但是我们可以通过语言沟通来表达这种转化。比如，很多夫妻在彼此的工作领域，互相的称呼常常是姓加职业，来表明这是个体独立的领域，而在私下常常用宝贝、亲爱的来体现我们是一体。时间长了，恋人之间常常会建立这样的默契，并没有明确的切割，但是通过语言就能表达出此时是我想"抱紧我"的时候，还是"别管我"的时候。

第五种是行为的切割，是指即便我们在一个时空中，也可以做不同的事。比如：你在这里写东西，我在那里看书；你在这边听音乐，我在那边运动。我们共处一个空间，有"我们"的紧密感，但同时我们又各自做事，有"你、我"的独立感。就像《小熊维尼》中说的，朋友在一起是 do something，而好朋友在一起可以 do nothing。即便什么都不做，只要待在一起，也是一种联结的形式。

巴克斯特的摆荡理论，给我们提供了一个很好的解决方案。在爱情中，我们是紧密相连的，但如果我们可以在时间、空间、人生、语言、行为上做一些切割，有时捆绑在一起，有时分开，就能一方面保持自我独立性，另一方面又能在亲密关系里享受"抱紧我"的状态。只要平衡好节奏，找到大家都喜欢的方式，关系就能更长久。

今天，时代为我们创造了很好的环境，让我们有了更大的空间去讨论男女两性在关系里的联结。从前对两性关系的描述是，夫妻要举案齐眉、相敬如宾，没有"抱紧我"的过程，你也不能要求自我的独立。而今天，我们既能期待抱紧对方，也能强调自己的独立。也正因如此，平衡的意义就显得至关重要。

如果一个人平衡不好的话，就很可能出现"恋爱脑"的问题。所谓"恋爱脑"，其实就是永远处在"抱紧我"的状态。这个问题更可能发生在女性身上，因为在爱情旧脚本中，婚姻几乎是女性的唯一归宿，而爱情新脚本又强调两个人的甜蜜相处，所以这会导致有些女性一旦和另一半有了联结，就会把联结视作人生的全部，把"抱紧我"当成相爱的理想状态。

时代的变化既要求我们改变观念，也给了我们改变的机会。在这个过程中，我认为女性是可以发挥更大的主观能动性的，因为在亲密关系中，我们女性是更愿意去主动探索的一方，更有可能去平衡好关系。

从更长远的角度来看，家庭社会学认为，夫妻关系影响亲子关系。如果处理不好夫妻之间"抱紧我"的关系，我们就会紧紧抱着孩子不愿放下，孩子会成为这种关系的替代品。到那时，亲子关系也会受到影响。而处理好夫妻关系，再去处理亲子关系，相对来讲就容易得多。

所以,在处理独立和联结的问题上,不要走极端,平衡才是王道。

要点回顾

很多女性在爱情"抱紧我"的初始阶段,由于感性一时占了上风,会出现吃醋等失控的现象,也可能会因为双方投入的不对等、恋爱经验的不足而产生想要逃离的念头。但这种失控,也正是爱情的可贵之处,你完全可以在把握底线的基础上乐在其中,因为这个状态其实很快就会过去。在亲密关系中,如果你能善用"摆荡",就能平衡好保持自我和彼此联结。认识到你、我、我们的边界,能更好地跳出"恋爱脑",经营好长期的亲密关系。

17

权利、责任、利益统一：
区分你、我、我们

经过抱紧我、放下我、别管我三个阶段，也是"我"和"你"逐渐变成"我们"，然后又从"我们"变成"你""我""我们"共存的过程，尤其是当我们的关系进入稳定期后，我们随时都可能遇到我、你或者我们这样不同的立场，而在不同情况下，我们的处理原则是不一样的。如果所有事情都从"我"的立场出发，会比较自私；可都由"你"的立场出发，久而久之可能会让"我"在感情中失去自我。所以在任何一个时期、任何一个问题里，都要处理好我、你和我们的关系。在长期的亲密关系中，我们需要区分我、你和我们的边界，掌握这三者的关系的处理原则。

爱情中"我们"的意义发生了哪些变化

"我""你""我们"的关系其实是爱情新脚本带来的,这个话题与今天的社会从熟人社会转向陌生人社会有很大关系。在传统社会中,我们一见面就问:你吃了吗?如果没吃,对方还会很热情地表达想帮你解决这个问题的态度。"吃了吗"其实是个体自己的事情,但是在熟人社会里,大家不觉得这是你个人的事。延续到今天,亲朋好友最喜欢问的就是:你有对象了吗?对象是做什么的?一个月挣多少钱?这些都是不分你我的表现。而陌生人社会是不同的,欧美人打招呼是"Hi",没有任何信息,不轻易询问对方的私人信息。这两种文化很不一样。

不论你是生活在大城市还是小镇,当我们习惯陌生人社会的生存逻辑后,面对一直在熟人社会生活,比如比我们大二三十岁的长辈询问我们婚恋的问题,为我们的未婚着急的时候,就会觉得这是我们的隐私,觉得对方在催婚了。但是长辈们完全没有意识到这是问题,还会觉得自己关心你,怎么你就不高兴了?讲述社会变迁的《观念史研究》这本书里提到过,过去的社会没有个体概念,也没有"我""你""我们"的概念。过去你要是跟亲朋好友讲"这是我的事,跟你没关系,你侵犯了我的隐私",这就跟绝交一样。熟人社会没有个人边界意识,强调集体身份。

而熟人社会向陌生人社会的重大转型就是个体的崛起。在家庭里我们都会有非常清晰的个人概念,你会把门关起来,你会有一个上了锁的抽屉,你会告诉家长你的一些东西不能碰,边界是越来越清楚的。这种转型体现在爱情中则是,**过去我们一旦结婚,"你"和"我"就彻底变成"我们"。而今天我们的关系里是首先有"你",有"我",然后才成为"我们"。**

恋爱的美妙就在于"我们"的感受,这种感受需要很多具体的爱情实践去支撑。比如网上有个问题,恋爱之后什么事让你觉得你们不再是"你"和"我",而是"我们"?我看到了很多有意思的回答。比如,当在一些事上不再只考虑自己的利益得失,而是自然地为对方考虑的时候,就是"我们"了。或者,爱上一个人,做决策时总是从两个人的角度出发,从整体考虑,这也是"我们"。这些回答说明"我们"具有一些共同特征,具备了共同的决策和共同的利益。

但是,恰恰也因为"我们"的出现,引发了很多矛盾,因为很多时候,你、我、我们的边界是不清楚的。大家可以来问问自己以下四个问题:

1. 我有没有权利看别人的手机?
2. 我有没有权利要求另一个人向我报备他每时每刻的行踪?
3. 我们能否干涉或鄙视一个甘于平庸的人?
4. 我们有没有权利干涉他人的交往自由?

如果不是在恋爱和婚姻的状态里,我相信大家的答案一定非常明确：我们当然没有权利去看别人的手机，没有权利要求别人向我们汇报行踪，也不能去干涉别人的人生目标和交往自由。可一旦涉及爱情，我们把上面问题里的"别人"换一下，答案就变得有争议了。

> 1. 男朋友不给看手机，是不是有猫腻？
> 2. 女朋友希望男生去哪里都要向她报备，这有问题吗？
> 3. 我的另外一半就想做个咸鱼，没有梦想也不奋斗，我能放任他吗？
> 4. 男朋友经常和几个特别不靠谱的狐朋狗友玩，我要不要去阻止他的交往？

你会发现，当把这里的"别人"换成自己男朋友或女朋友的时候，个体间的边界开始垮掉，这些问题的答案就变得模糊起来。在爱情旧脚本里，"我们"都是要向角色去靠拢的；而在新脚本里，我、你和我们的关系是同时存在的，"我们"与个体之间的关系是什么，这些都需要重新认真地探讨。

在爱情新脚本里，个体的概念出现后，与个体相关的"平等、协商、独立"等词语也随之出现。可我们却没办法完全按照个体的逻辑走，因为一旦这样，爱情所包含的联结的意义就不复存在了。旧脚本里为了成就"我们"，是把个体牺牲掉的。而在爱情新脚本里，我们不再接受一份以牺牲我或你为代价的感情。

怎么从"我"和"你"走到"我们"，其实是很难的事情，有些所谓的爱情指导常常会把我们引向两个截然不同的极端。一个极端会告诉你，你就应该坚持自我，不要有任何妥协。一开始就妥协，后面很可能再也找不回自我了。如果你走这个极端，那你跟另一个人的联结就会非常浅，无法形成"我们"的概念，关系也会很难长久。另一个极端会告诉你，作为女性一定要做一些妥协，女性被看作天经地义的牺牲者或奉献者。有了"我们"，"我"就没有了，"你"也没有了，我们在做决策时，考虑的不是这个决策我或者你会不会喜欢，而是只在乎"我们"是不是够牢固。

这两个极端都不可取。把"你""我"和"我们"三者平衡好，才是今天我们想要的爱情的方向。

当我们在亲密关系里遇到各种冲突的时候，先要区分这是你的事、我的事，还是我们的事。首先是"我们的事"，和你、我都紧密相关；其次是你的事或我的事，主要和其中一方紧密相关；最后是我需要你帮助的事，虽然这是个体的事，但是有你帮助，我会处理得更好。区分好这三类，我们就能把爱情冲突背后的问题梳理得更清楚，把"你""我"和"我们"三者平衡得更好。

区分"我""你""我们"的事

那具体该怎么区分这三类事呢？

我告诉大家一个非常明确的原则,叫作**权利、责任、利益一致原则**,也就是通过权利、责任、利益的获得和损失来进行判断。比如一件事如果主要由我来承担所有的责任,不论好坏,我都不得不处理,相应来说我也有更多的权利,那这当然就是我的事。同样的道理,反过来就是你的事。如果这件事需要两个人共同承担责任,两个人有共同的权利,同时承担结果,那这就是我们的事。还有一类属于我需要你帮忙做的事,是指这个责任、权利、利益都在我,但如果有你的帮助,我能够做得更好。

可能有些人会觉得很抽象,希望我能更明确地说明哪些事情一定是属于我的事,哪些事情是属于我们的事,哪些事情是需要对方帮忙做的事,最好能列个表格,这样对着表格做就可以了。很抱歉,真的没有这样的表格,这些都是需要两个人在慢慢磨合的过程中衡量出来的。

举个例子,一般来说,伴侣各自的职业发展和收入,本身是你的事跟我的事,这个界限很清楚。但如果一方是全职太太,就不一样了。全职太太没有收入,丈夫的收入也就成了太太的收入。如果丈夫说"钱是我挣的,责任也是我承担,你无权过问",这对太太来讲就很不公平,因为她牺牲了自己职业发展的机会,为了使家庭变得更平衡。在这种情况下,这件事情就应该属于"我们"的事。所以在这个制定标准的过程中,不一定要符合别人的看法和社会的标准,而是要从两个人的具体情况出发,寻求共识。每个人的底线不同,标准各异,是需要协商的。

我们常说经营家庭生活需要智慧，这个智慧主要在于平衡。很多时候你无意识地做了一些事，其实也是在做平衡，只是逻辑尚不清楚罢了。而当你有了这个意识之后，很多事情的边界就会变得更清楚。比如，很多情侣一吵架就会争论"你爱不爱我"的问题，这个问题再怎么争论也是没有标准的，它解决不了问题。但如果我们更加有意识地去吵，讨论事情的性质是怎样的，边界在哪里，就会变吵架为磨合，这就叫有效的吵架。

分清"三个原则"，磨合出想要的爱情

聊完了怎么区分三类事情，接下来我们再说说，这三类事各自的处理原则是什么。

首先，在处理"我们"的事时，你可以采用协商原则。 比如生不生孩子，孩子怎么养育，是不是需要一方投入全部精力。如果不经另一方同意就做决定，会让另一方很难受。

在有关生育的讨论中，我经常会看到两种截然不同的观点。一种观点认为，生孩子是女性的权利，女性负责生育和养育，所以要不要生就由女性说了算。这种观点认为生育决定要女性来做，但孩子生下来是不是一定要女性来养育其实是需要另外讨论的。另一种观点认为，孩子跟男方姓，是为男性服务的，所以这件事就变成"我为你们家生了一个孩子"，生养孩子变成了男方的权利，

这就把女性应该在其中享有的养育的快乐抹灭了。

生孩子这件事，一定是"我们"的事，是需要双方协商的。比如一方在养育的过程中付出更多的时间和精力，而另一方在经济上有更多的倾斜，就是不错的平衡方式。

还有一个被广泛讨论的话题，结婚买房子，房产证上要写谁的名字。像这样具体的话题，答案也是没有绝对标准的，一定要根据两个人的具体情况来确定，这到底是不是属于"我们"的事。如果说两个人为了结婚，一起买房子，一起出钱，那当然是"我们"的事，房子买在哪里，买多大，都是需要协商的，房产证上也肯定要有两个人的名字。但如果一方完全不出钱，又要求对方把自己的名字加上去，也不觉得婚后要有什么特别的付出，那对另一方来讲就不公平。买房的一方投入了很多时间和精力，而另一方只用享受居住的权利，那单纯享受的一方应该要感谢另一方，如果你不但没有感恩之心，还强行要求在房产证上加自己的名字，就很强人所难了。

薛兆丰在这件事上延伸了一个很有意思的观点：为什么女性要在房产证上加名字，是因为女性对家庭的贡献更早，所以要有个经济倾斜。那假如你们双方都觉得的确有这个道理，比如你希望我在抚育孩子方面投入更多的精力，那可能会影响我的职业发展，那在房产证上加名字就是一个很重要的保障措施。如果我觉得不加也可以，那对方也要认同一点：我在后面的人生里，没必要非得在家庭的其他方面做很多牺牲。

还有另外一种更复杂的情况，我们买了房子，之后的贷款由一方偿还，而家庭的日常开销由另一方来承担，那只承担日常开销的一方，对购房这件事也是有贡献的。在这种情况下，如果你不同意在房产证上加我的名字，那请记得房贷就应该由你来还，并且除此之外，你还要为家庭投入和我一样多的经济支持，这才是真正公平的逻辑。

不论是生育还是买房，都应该是"我们"的事，需要双方针对具体问题来讨论。如果理由仅仅因为你爱我，就一定要把我的名字加在房产证上，这个逻辑是不通的。因为我爱你，所以我就要为你付出更多吗？一方享受了好处，却不承担责任，或者另一方付出了很多责任，却没有享受到好处，这种不平衡的状态，长期发展下去的话，未来一定会出现问题。

在做家庭财产的公平逻辑的研究的时候，我发现大家的公平逻辑是不同的，有五种不同的公平逻辑存在于我们脑海中。所以，涉及"我们"的事的时候，不妨先聊清楚我们想要的"公平逻辑"是什么，互相先明确了原则，再协商分工或决策，会减少很多麻烦。

其次，在处理"你"或"我"这些涉及个体事情的时候，可以采用尊重原则。 如果责任跟后果都由一方承担，另一方干涉的时候就需要谨慎。比如我喜欢看财经类的书，对方可能爱看漫画书。本来看什么书完全是个人的事，但在家庭生活中却很容易发生矛盾，因为有些人会觉得伴侣都这么大年纪了，还看这么没有营养的漫画书干什么，你就不能看看有点营养的书吗。如果我把这种想法直接说出来了，对方就会特别不舒服。不论对方看什么类型的书，对我而言都不应该存在好坏，因为我不承担背后的责任。在这个过程中，尊重是非常重要的。

最后一种情况比较麻烦，就是**在某个时间段，我的事会跟我们的事产生联系**。比如，我近期的工作非常忙碌，原本由我承担的家庭义务和责任可能就做不到了。那是不是你能来帮助我？对方说："好的，我来帮助你。"**这个时候就要用到感谢原则**。同样，还记得我前面讲过的那个例子吗？我那位朋友本来有一个非常好的外地进修、提升职业发展空间的机会，但考虑到家庭最后放弃了。虽然是个人的事情，放弃的结果也是由个人来承担的，但她是为家庭做出的让步和牺牲，如果对方不表示感谢，那她就会感到很受伤。所以在这种情况下，不要认为对方的帮助是天经地义的。

还有一层更重要的意义，在亲密关系中，我们都需要安全感。安全感是我自己的事，但需要你来配合我。所以对方有时要让渡部分权利，来满足我们的安全感。爱情三角理论里提到的承诺，就是需要对方来做的。对方要经常向我们表达承诺，我们才会一直有安全感。拿我自己举例，经济保障对我来说很重要，所以我经常跟我先生开玩笑说："我是金牛座，金牛座的人的安全感来自金钱，所以你挣的钱都要告诉我，还要把钱交给我，我才会觉得更有安全感。"我先生为了让我有安全感，做出了权利的让渡。此时，我就不能把它看成是天经地义的，而是要感谢他。

所以你看，如果我们能把这三类事情，运用不同的原则分开处理，就能在尊重个体的基础上，形成很好的联结，形成更好的"我们"。

两个人在相处过程中最糟糕的状况就是权利、责任、利益的不对等：我不承担责任，却要享受好处。比如：我希望对方的手机要给我看，但我的手机密码不愿意分享给对方；或者我自己不想努力，就想靠着对方吃饭。在这个过程中，对方的付出就变成了天经地义的事，你爱我我就必须这样做。这属于严重的权利、责任、利益不对等。在日常生活中，这种意识会带来很多问题。比如女性会认为：老公就应该照顾我的情绪啊，帮我系鞋带啊，我应该享受这个权利，至于要我照顾他，我不觉得自己有这个责任。同样，很多男性会认为，女性就应该做更多家务，本来应该是两个人共同的责任，他却不想承担，就要做大老爷们儿，女性就要服从他。亲密关系中的很多冲突，说到底都是由于权利、责任、利益的不对等所导致的。

当然，**平等并不一定带来的都是好处，因为更多的权利意味着要承担更多的责任**。但如果你想要对方过得更好，让两个人的关系更加和谐，有时就得让渡一些权利，承担额外的责任。所以平等不等于均等，平等得有个协商的过程，重点在于如何找到权利、责任、利益一致的方式。这里我也要强调，让渡权利并不等于让渡所有利益，做感情中的牺牲者，这是两回事。这里面依然有边界，后面我还会详细展开来讲。

常有人说，幸福的婚姻是相似的，不幸的婚姻各有各的不幸。但在我看来，幸福的婚姻是相似的，不幸的婚姻其实也是相似的。幸福的婚姻都会有协商、尊重、感谢、宽容等要素，而不幸的婚姻往往是不区分你我边界，个体所承担的权利、责任、利益不对等，互相之间不体谅、不沟通、不协商，也没有对另一方的尊重。每个亲密关系都有其独特性，我们从结合的那一刻开始，就需要不断学习如何相处磨合。但请记得，磨合并不是去迎合外界的标准，而是要聚焦于双方，从两个人本身出发，慢慢磨合出适合我们的爱情。

两个人的关系从互惠型、享乐型走向成长治愈型，就是靠一次次的磨合，在这个过程中发现自己，也找到更好的自己。前面讲到，没有天生的 Mr. Right，但我们在排除掉 Mr. Wrong 以后，可以通过不断磨合，把那个有吸引力的他变成我们的 Mr. Right，同样我也成长为他的 Mrs. Right。我们不需要做社会意义上所有人都认可的好妻子、好丈夫、好情人，我们只需要做对方认可的伴侣就足矣。

要点回顾

在爱情新脚本里,我们时常需要区分"我""你""我们"的边界在哪里,针对不同的事情,采取不同的处理原则,让两个人的关系,达到权利、责任、利益对等的平衡状态。当然,这个过程不是一蹴而就的,每个人在乎的东西不一样,在磨合的过程中,我们也要经常问问自己真正需要的是什么,对方真正需要的是什么,从而找到属于两个人的爱情。而幸福的婚姻都会有协商、尊重、感谢、宽容,这些爱的语言要成为我们在亲密关系中的习惯。

18

亲密关系的外显：爱情与金钱

这一节，我们来聊金钱和爱情的关系。为什么讲爱情，回避不了对金钱的讨论呢？因为金钱特别能把我、你、我们的关系显现出来，而我们对爱情里的金钱，常常抱有很矛盾的态度。关于这一点，心理学家克里斯多福认为，小时候父母可能通过买东西来表达对孩子的爱，而不是直接安慰和呵护，所以长大后，我们就会要求别人通过送东西或做某些事来证明爱。但奇怪的是，在这个过程中，我们并不会因此感到被爱。很多时候我们通过金钱向对方表达爱，但金钱本身并不能带来爱。这听上去很矛盾，但确实困扰着很多人。

金钱关系与亲密关系并非对立

泽利泽在研究亲密关系的时候发现，人们常常是把金钱和感情对立起来的。她在《亲密关系的购买》一书中很现实地告诉我们，任何一种亲密关系的价值在法律上都可以被量化，尤其离婚时，在这个撕破脸的过程中，夫妻双方在婚姻中所有的付出，都希望可以被量化为补偿。所以虽然我们把亲密关系和金钱关系看作是对立的，但在现实生活中，我们的亲密关系和金钱又有着紧密的联系。我们是不是"我们"，是不是互相信任，我们之间的权利关系是怎样的，这些亲密关系里的底层逻辑，都会通过金钱具象地显现出来。为什么有时候我们会觉得谈钱伤感情？因为口头上的"爱不爱"可以含含糊糊地过掉，可金钱却能强迫那些深层的东西显现出来。

首先，金钱有时候的确能显现"我们"的亲密程度。 大家应该都听说过这种事，一对感情很好的情侣在结婚前，因为彩礼、婚房的问题谈崩了。从表面上看是因为钱的问题，可分解开来看，其实是因为两个人对"我们"这个概念的理解不一致。我和我的父母，还有我和你，到底哪个才是更紧密的"我们"？谈彩礼的时候，我是站在未婚妻一方去和父母争取，还是站在父母一方去解决问题？这当中都涉及双方对"我们"的理解。所以当我们的关系中涉及更多人的时候，哪个才是最紧密的"我们"，碰触到金钱问题，这个答案就是无法回避的。

其次，金钱有时候能区分两个人在关系中的地位。虽然法律规定了婚后夫妻所得为共同财产，双方在经济地位上是平等的，而一般人认为夫妻之间应该互相信任，尊重彼此的消费习惯。但是，在现实中，挣钱多的一方常常会在经济上更有话语权，而另一方可能连知情权都没有，并且在家庭中总有一个人似乎更有资格询问或干涉另一个人的消费。所以说，金钱在某种程度上能反映出双方在关系中的权利和地位是怎样的。

最后，金钱会让我们看到个体对感情不同的计算方式。同一件事情，有时你觉得自己付出了很多，但对方却不这样想。很多全职太太离婚的时候，都认为自己因为爱牺牲了职业发展的可能性，把自己的全部奉献给了家庭，所以理应得到更多补偿。但她们的丈夫认为，她们在婚姻里靠着他们吃饭，对家庭一点经济贡献都没有，凭什么还要在离婚时要求更多经济补偿。这两种不同的计算方式常常让弱势一方非常受伤。

所以，金钱会非常清晰地显现出我们对于亲密关系中强弱的想象。两个人的收入和支出是如何安排的，可以很清晰地划分出"我们"关系的边界。如果夫妻把收入放在一起，代表两个人对感情是很有信心的，双方的关系也是更有保障的。当然各自收入完全分开也是一种可行的模式，可实际表明，你和我的边界比较清晰，两个人不是一个完整的整体，甚至在支出上还会产生数量方面的比较，你给你父母花那么多钱，给我父母却花得很少，说明你更在乎你的父母。爱多爱少用钱一衡量，一目了然。我更愿意为谁花钱，实际上也体现出对方在亲密关系中的排序是什么。如果父母生病了，你愿意倾家荡产为他们治病吗？如果你愿意，那说明在你亲密关系的想象中，"我们"是紧密包含你的父母的，而对方的想法很可能是不一样的。夫妻的"我们"和原生家庭的"我们"之间的关系既受到伦理的考验，也受到亲密关系程度的考验。

千万不要小看金钱的力量，正是因为金钱会把亲密关系隐含的关系显现出来，所以直面金钱背后的感情问题也常常是最让人痛苦和想要回避的。

爱情中的"金钱问题"越发凸显

为什么爱情与金钱的问题在今天更为突出呢？因为在过去，家庭首先是一个经济共同体，它是一个结构，没的选，大家必须这么做。而新时代不一样，它是一个选择，双方可以选择把钱放在一起，也可以选择分开放。

农业时代，家庭成员都是共同劳动，共同产出，无法区分哪些是个人的贡献，一旦结了婚，所有的钱就是共同财产。那时候资源紧缺，家庭成员间没办法区分你我，必须把所有的钱放在一起做分配，才能够把大家的生活都安排好。所以从前我们有私房钱的概念，上海男人很多都有私房钱，藏在鞋子、墙缝、板砖里，是旧时滑稽戏里经久不衰的笑点。旧时女性往往被赋予了管钱的权利，要平均或合理地分配家庭收入。当然女性管钱不代表家庭地位高，研究发现只有当她在个人消费上有很大的自主权时，才能说明她家庭地位的提高，而过去的女性把家庭的钱都花在家人身上，而不是自己身上。

在过去的经济共同体里，"我们"的概念得到了充足保障，它里面是没有个体的概念的。但是到了爱情新脚本里，"你"和"我"的概念崛起，钱要不要放在一起就成为一个选择。如果是在城市里生活，我们的劳动已经脱离了土地，在家庭里是能明显区分我挣了多少钱、你挣了多少钱的。在旧脚本里，收入是没办法在源头上进行区分的，而现在我们所说的共同财产，是区分了你的和我的之后，再合在一起的。当然，在"我们"里依然保有我和你的独立平等，只是平等是有代价的。我在前面也强调过，平等在带来权利的同时，也带来了责任，平等是经过协商达成的，并不意味着完全平分。在一些家庭里，一方承担更多挣钱的责任，另一方承担了更多家务活，这就是通过协商实现的平等。我们需要在考虑双方的关系、保障各自利益的条件下，通过协商来做出决定，家里的钱怎么分配使用才最好。

金钱与亲密关系的三个底层逻辑

那么，金钱究竟具象了哪些关系，使得我们一谈钱就很容易出现说不清、道不明的愤怒或担心呢?

我们研究发现,金钱其实显化了亲密关系的三个底层逻辑。

第一,它确定了什么是"我们"。

第二,它展现了我们到底是不是真的互相信任。

第三,它显现了我们在亲密关系里的地位和权利。

首先,什么是"我们"? 法律规定,结婚之后夫妻就是一个经济共同体,所有钱放在一起就是"我们",一起买房,共同生活,抚养后代。从恋爱到婚姻的一个巨大变化,就是我们从合作关系走向了合伙关系。但是进入婚姻后,很多人的金钱关系马上会出现一道坎,也就是在"我们"的概念里,不仅有我和你,还有双方的父母,他们是不是"我们"的一部分,一直有很大争议。面对这样深度的合伙关系,我们往往没有现成的经验参照,所以就会遇到很多问题。

比如,结婚之初的彩礼怎么分配?婚礼上收到的礼金怎么分配?因为礼金可能是父母之前参加别人婚礼给出去的,现在又给回来,名义上应该归属于小夫妻,但实际上这里面包含了父母早期的付出。所以这是我们的钱,还是你父母的钱,立马就会出现争议。一旦处理不好,你可能从结婚那天起就会很不舒服了,因为这不仅仅是钱的问题,实际上还涉及我们对未来生活的想象,到底什么是"我们"?我们之间的独立性和整体性是什么关系?我跟你之间的联结是什么?我能承受的底线是什么?结婚后账户要不要放在一起?你的工资要不要交给我?这些问题的答案,都建立在什么是"我们"的概念之上。所以有关"我们"的界定,通过金钱关系很明显就体现出来了。

其次,我们在关系里是否互相信任。前面讲过,我常跟我先生开玩笑,金牛座的安全感来自掌控金钱。虽然这是我的需要,但是能把财产全部交给另一个人是需要非常大的信任的。如果他把钱交给我,又不相信我,还去查我把钱花到了哪里,那即便是赋予了我这样的权利,我也会觉得他是不信任我的。早期我跟我先生也会有争论,他经常会问我,钱花到哪里去了,我就很生气,因为我并没有乱花,都用在了家庭公共开支上。他很纳闷:"难道我不能了解一下吗?为什么我一问你就爆掉?"我事后反思,这背后有两个原因。第一,我那时挣钱比较少,比较自卑,总觉得自己在用他的钱。第二,我觉得他不信任我,怀疑我是不是把钱都用在自己身上了,所以我要为自己辩护,以争取他的信任。所以很多女性认为,爱我就要把钱给我。她未必是贪钱,也许只是想获得对方的信任感,从而换得两个人真的是一个整体的安全感。后来,我把我的困境如实告诉了丈夫,我们找到了解决问题的方案。

《亲密关系的购买》一书中提到过,给对方花钱的确能增进亲密的感觉。所以,金钱与亲密关系并非完全对立,只是我们每个人对金钱的感受力不同,而它背后确实隐含着信任问题。就算是在普通关系里,涉及经济来往,我们也是比较谨慎的。古话说,"亲兄弟明算账",就是要将金钱关系与信任关系切割开。金钱反映人性。两个人关系再好,一谈到借钱可能会犹豫。钱可以借你,能给我写张借条吗? 我们关系这么好,还要写借条? 你不信任我吗? 你看我们内心的一点点小犹豫,就会让彼此间的金钱关系显露无遗地展现出来。

最后,金钱展现了我们在亲密关系里的地位和权利。微博曾有个热搜是"女人婚后就应该省吃俭用吗"。有个丈夫发了个帖子,说妻子每月收入只有四五千块,可她花了 4 个月的工资买了个 2 万块的包包,他通过微博向妻子喊话:你要考虑家庭的经济情况,要勤俭持家。妻子觉得特别心寒:我们结婚七八年了,我没用过你的钱,你每次送我礼物也不过是几百块的,我用自己的积蓄买 2 万块的包怎么了? 这就说明我不是个好女人吗?

我们来分析一下,为什么这个妻子会心寒? 因为她问的其实是:我到底有没有权利安排我个人的消费,尤其是当我的消费水平不符合对方的预期时。她丈夫的态度很清楚地告诉她:你没有权利买你想要的东西,应该由我来告诉你怎么花钱。很多男性会觉得女性买 2 万块的包很不合理。可男性一年抽烟的花费也很高,却很少有人指责。我们从来只讨论抽烟对身体不好,但是很少有人指出,抽烟的开销是非常大的。我们形容一个女性奢侈,只需展现她的化妆台上有很多化妆品。可如果仔细计算一下,男性一年抽烟喝酒的费用通常远高于女性购买化妆品的费用。我们也可以观察一下那些很烧钱的爱好,比如音响啊,摄影啊,基本都是以男性群体为主流的。

这就说明,经济关系背后体现的是社会的权利关系,享有男性权利或者越高地位的人越被赋予花钱的自由。而地位低的人，权利往往是很小的。所以很多女性真正介意的并不是花钱本身，而是自己在家庭中的权利和地位是如何被界定的。谈到这里，我们不得不面对一个最具体的话题：到底家庭里的钱怎么花才合理？

亲密关系中的金钱该如何处理

现在很多家庭选择 AA 制。调查发现，上海有 48% 的家庭采用 AA 制，平时各花各的，家庭日常开销一人一半，既方便又界限明显，日常冲突比较少，权利和地位也被抹平了。但缺点是两个人之间的联结感比较弱，信任度也比较低，夫妻两人似乎成了有性关系的舍友。所以"我们"如何更好地联结，信任如何更好地建立，是 AA 制家庭需要考虑的问题。

比 AA 制要好一些的方法是"**日常 AA，年底共同账户**"。日常生活中每天都有各种消费，不可能每笔钱都要向对方请示，所以日常就 AA。到了年底，我们又把所有的钱汇总，把这一年来双方各自挣的钱，除去日常花费，剩下的就存在共同账户里，等遇到一些"我们"的事，比如养育孩子、购置房产等，就从这个共同账户里取钱，这样就能有效避免一些金钱冲突，"我们"也能通过经济关系联结得更为紧密。

如果你们跟父母住在一起，那情况就更加复杂了。应对这种情况，建议大家可以运用**"三抽屉"理论**。我在《谁在你家》这本书里提到，我们可以在客厅设一个共同抽屉，所有家庭成员的公共开销都可以从这个抽屉里拿钱。这个钱是家里主要承担经济责任的年青一代或更有钱的老一辈放进去的。然后呢，小两口有一个放钱的抽屉，只有他俩能用。老两口也有一个抽屉，只有他们能取用。有意思的是，如果跟女方的父母住在一起，女婿是不能打开女方父母抽屉的，但女儿可以。反过来，如果跟男方父母同住，儿媳妇不能打开男方父母的抽屉，儿子应急时可以。如果错了，那就变成偷了。同样，小两口的抽屉，不管是谁家的父母，都不能打开。一个家庭，三个抽屉，你、我、我们的关系就界定清楚了。

这里也要强调，在权利、责任、利益界定清楚的同时，也要维护彼此的信任。

在亲密关系中，信任的前提不是控制，而是知情，双方都有权知道家庭的经济情况。经济信息的公开非常有助于信任的建立。每个人都有自己合理使用金钱的方式，你如果老想去控制对方，是很容易形成冲突的。但是如果你永远不管不问，你的信任就很可能会被滥用。

很多女性离婚时完全不知道丈夫挣了多少钱，钱放在哪里，丈夫要是还有公司的话，更不知道公司的钱有多少，非常弱势。

你要知道，拥有家庭财务的知情权，不仅是个人在亲密关系中的需求，也是法律赋予每个个体应有的权利。

有这样一个真实案例。弟弟要买房，姐姐给了18万元，这笔钱是夫妻双方的钱。丈夫知道了很生气，质问妻子怎么不告诉他。妻子辩解道："弟弟要用钱，我们总归是要借的，我只有一个弟弟，我跟你讲不讲不都一样吗？"丈夫说："既然弟弟借了我们的钱，就要写张借条。"弟弟知道后也很生气："这个钱难道不是你们赞助给我的吗？怎么成借的了？"于是夫妻间产生了更大的冲突，最后丈夫提出要离婚。妻子特别不理解："我就一个弟弟，你也知道我跟弟弟感情很好，他要买房子，做姐姐的支持一下又怎么了？这笔钱是我们共有的财产，我当然有使用的权利。"而丈夫却认为："钱是我们共有的，可你不能不经我的同意直接用掉它，这说明你把我完全排在了'我们'之外，你把弟弟摆在了比我更亲近的位置上。"在这对夫妻的矛盾中，两个人指责对方的点是不一样的。妻子觉得丈夫太小气，觉得自己没有支配双方共同财产的权利。而丈夫觉得自己丧失了对家庭财务的知情权。在家庭中，知情权比处理权更重要，这一方面是出于对对方的尊重，另一方面也是法律对我们的保护。

我们前面提到，金钱展现了我们在亲密关系里的地位和权利。这里常常涉及一个问题：是不是家里谁挣钱多，谁的话语权就更多呢？当然不是。**在处理家庭经济关系的时候，我们也要考虑家务劳动的价值，家务劳动和金钱两者之间的价值是可以相互交换的。**

虽然家务劳动从来没有被公开定价过，可实际的价值却很高。美国一家公司研究发现，一位全职母亲每星期平均做家务的时间是92个小时，如果请一位专业人士来做家务，需要付14万美元的年薪，而且家务劳动的成就感不强，却又要投入全部的爱心，还没有假期和升迁可言。

我要提醒大家一点，挣钱养家的价值也是很大的。我不喜欢"丧偶式育儿"这个概念，如果丈夫既不挣钱也完全不管家里的事情，那说明选择这个人进入"我们"的空间里就错了，而不是育儿模式的问题。如果丈夫在外面挣钱支持家庭，虽然很少参与家务劳动，在养育孩子的事情上投入也没有那么多，但实际上是给家庭做出了贡献的，这同样需要得到肯定。如果男性是挣钱主力，回家不干活或干得少，我们不能就认为他"像死了一样"，这对男性来说非常不公平。当然，我们鼓励男性参与家务和育儿，不仅仅是为了家人，也是为了自己能更好地享受家庭的乐趣。反过来，如果女性是家庭的经济支柱，同样需要得到肯定，而不是指责她没有尽到妻子或母亲的义务。

每个人在家庭里都有不同的贡献，有人挣钱，有人劳动，有人依靠社会资源给家庭创造更愉快的社会生活，这些价值都应该被认可，都应该获得相应的权利和地位。建立起这样的概念，我们的经济观念也会被打得更开。

要点回顾

金钱和亲密关系之间并不是对立关系，反而在处理金钱的过程中，什么是"我们"，我们之间是否互相信任，我们两个人的权利和地位是怎样的，这些都会被显现出来。在亲密关系尤其是爱情关系里，钱和性是两个最重要的话题，也是我们常常回避的。我们经常争论，你不够爱我，你不够尊重我……绕了一个远路，没有触碰到这些真正的底层逻辑。偶像剧绝口不提钱和性，但在真实的爱情里这两个问题是最重要的，处理好了这些，我们的关系才能走向一个更亲密的阶段。我列举的很多个案希望能帮大家提供一个思路：解决金钱问题的核心是想清楚背后的"我们"的概念，以及怎么平衡你我之间的权利和地位。

19

福利、自由和德行：
爱情不是零和游戏

爱情是排斥算计的，但是，我们受到消费主义和市场经济的影响，会忍不住比较，会去计算我爱你多还是你爱我多，会去计算我的付出和获得。也常常有人问我：是找一个我爱的人呢，还是找一个爱我的人？可见很多人都认为，爱是可以比较的，爱情像一个竞争游戏。

爱情里的算计由何而来

我常跟我的学生说，爱情有理性的一面，但我们依然要对爱情怀抱美好的憧憬和想象。在想象爱情的过程中，一定要破除的误区是，把爱情当成竞争关系，把爱情想象成一个零和游戏。

什么是零和游戏？打牌时我输了几把，你就赢了几把，输的分数加上赢的分数正好等于零。也就是说，我付出东西是负数，而你得到东西是正数，我们加起来就等于零。这听起来好像很平衡，可如果你将零和游戏当成爱情的理想状态，那为什么两个人还要在一起呢？爱情追求的是 $1+1 \geq 2$，这是零和游戏永远无法做到的，所以在爱情里，我们一定要走出零和竞争模式。

那为什么我们会把爱情跟零和游戏紧密联系起来，甚至觉得爱情就应该是这样的状态呢？

一个原因是现在很多人是独生子女，没有兄弟姐妹，父母对我们的爱，通过给予来完成，所以孩子对爱的理解是通过"获得"来感受的。你爱不爱我，就看你给我的东西多不多。在这个逻辑体系里，我的付出就变成了损失。我们没有更深刻的爱的体验，不知道原来给予也是快乐的。而弗洛姆说过，爱的本质是给予。但如果孩子从小到大没有感受过"给予"的快乐，在成年之后，也就很难去实践爱的"给予"。

另一个原因来自市场经济，现在大部分人的理性压过了感性，高涨的房价更成为爱情杀手。经济压力越大，对未来的预期越艰难，人们的计算就越谨慎，结婚时谁出钱多少都会算得很清楚，因为这对未来的生活至关重要。然而计算得太多，"我们"的概念也就被削弱了。

学习给予，才能享受爱的愉悦

为什么要走出零和游戏，怎么走出零和游戏，都跟爱的本质有紧密的关系。

美国学者齐克·祖宾提出了依恋理论，他认为爱的核心就是帮助他人。好的依恋关系一定有帮助他人的倾向，爱的重要特征就是我打心眼儿里想要帮助你，让你快乐，你的笑容就是我最好的回报。当我们不再计较自己的利益得失时，也就有了爱的感觉，有了"我们"的概念。可时间一长，我们往往忘了这个初心，变得算计起来。

而弗洛姆认为，爱的本质是给予，给予是爱的原生动力。如果你只想通过爱来索取，这个爱就很难长久。这里我要强调，不能将给予理解成放弃自己，或牺牲自己。爱的给予一定是非常愉快的，是我们发自内心很想做的事。给予也是激发自我潜能的一种表现，它可以让我们把活力给予真正喜欢的人，让我们的活力对这个世界更有帮助。

可依然有不少人对"给予"的理解存在偏差。有一次，我在某个聚会中无意间提到这样一个细节，我先生特别喜欢在冬天晚上上床后让我帮他倒杯水，我呢，就屁颠屁颠地跑到楼下倒水，再哆嗦着跑上来。然后，就有一位朋友批评我："你怎么能接受你老公对你的压迫呢？两性关系是平等的，他应该自己去倒水嘛！"可我的感觉是，因为我很爱他，所以帮他倒水让我很快乐。而当我缩进被窝之后，他会帮我暖脚，这就变成了我们之间的一次情感的交互。

这里需要区分给予和付出两个概念的不同。给予是做这件事本身就让我很快乐，不需要具体的回报，而付出是需要回报的。比如：我给老公倒杯水，他喝了，我就很高兴，这是给予的感受；而我给他倒杯水，是希望下次我需要的时候，他也必须给我倒杯水，我给他倒水不是因为这件事让我快乐，而是我期待有回报，这就是付出的感受了。

当你觉得爱情中的给予都是付出的时候，你就体会不到爱本身所带来的愉悦的感受了。爱会顺着你给予的东西传递出去，最终让两个人都置身于一个很美好的空间里。即使是付出金钱，我也不认为是一种失去。能帮到别人，对世界有些贡献，是能够让人感到快乐的，这也是人们去做公益的原因之一。所以说，给予并不等于失去和牺牲，也不等于放弃自己迎合别人，这是完全不同的两个概念。

这个给予的过程，就像你们两个人建立了一个共同的情感账户，每一次给予其实都是在往这个情感账户里存钱。当你偶尔有情绪低落、给不出去的时候，让对方来给你补充能量，这就形成了一个双向的、良性的互动关系。

给予爱的三个原则

我常常说：不要高估你对没有爱情的婚姻的容忍度。因为你不爱他，也就没有了给予的乐趣和动力。所以爱本身也是走出零和游戏非常重要的一点。

那在给予的过程中，有什么是我们需要特别注意的呢？我总结了一下，有以下三点。

第一，你给出去的东西一定是对方需要的。我们首先得了解对方需要什么。如果你给出去的东西对方不要，甚至讨厌，给予也就没有价值了。什么时候给，给予什么东西，双方的默契程度是非常重要的。如果事先没有很好地沟通，不知道对方想要什么，给予就会变得很有难度。我前面之所以一直强调了解彼此的差异，就是为了能够更好地给予。

第二，学会让给予发挥更正向的作用。当我们被给予的时候，是需要表达感谢的。给予被对方看到，就变成了收获。而一旦给予没被看到，就容易变成付出。我如果一直在给予，你一直都看得到，我就会很愉快，觉得自己的给予是很有价值的。相反，我不断地给予但没有被你看到，我逐渐变得怨恨，给予就坚持不下去了。没有任何一个人——即使是丈夫或妻子——有任何义务非得帮助你。还有一个很重要的原因，当我表达感谢时，对方的付出也就变成了一种收获，而我被给予的时候也享受到了对方的这份收获，一个人的快乐成了两个人共同的快乐。

第三，给予的过程中遵守权利、责任、利益一致原则。当我承担某个责任的时候，其实也意味着我拥有了做这件事或承担这个责任的某些权利，同样我也拥有了做这件事带来的好处。比如，我天天在家给家人做饭，这是我的责任，这个给予真的很辛苦。但是做什么菜，做得好不好，这就是我的权利，我有权去做我认为好的菜给你，如果得到肯定，我就收获了成就感，这就是权利、责任、利益统一在了一个人身上。

爱情中的福利、自由和德行

讲完了怎么理解给予，走出零和游戏，最后再来说说**为什么我们一定要走出零和游戏**。

我对爱情有一个重要的理解，在新脚本里，爱情不是我们必选的道路，不是说到了一定的年龄就一定要有。之所以我们需要爱情，是因为我们希望跟另外一个人联合，达到 $1+1 \geq 2$ 的效果。亲密关系会使我的生活比原来更好，要寻求这种更好，就必须走出零和游戏。就像做蛋糕，我一个人做，它100%属于我，可如果我跟另外一个人合作，还是做同样大小的蛋糕，只能一人一半，我的那份变小了，那我为什么要这个爱情呢？可如果我们是一起做一个更大的蛋糕，哪怕我最终分得的比例只有30%～40%，因为蛋糕可能还有别的家人来分，可这个蛋糕要比我原来一个人做的蛋糕大得多，那这就是更有价值的。

两个人在一起，因为差异，会有不同的资源，面对事情有不同的解决方式，可以打开新世界，共享情感，彼此给予，相互收获。当所有的快乐、情感、能力等各方面都加倍成长时，爱情美好的力量就出现了，这一切的前提是要走出零和游戏。

那这个蛋糕怎么做才合理？谁来分享，最终怎么切分？这背后涉及更深层次的问题——我们如何界定公平？在爱情新脚本里，两个独立的个体一定是平等的。可什么才是平等和公正呢？让我们暂且把爱情放一边，先来看看整个社会领域是如何讨论公平的。哈佛大学有一门非常受欢迎的课程，是桑德尔教授开的公正课程，他提出了公正有福利、自由、德行三条路线。

福利路线强调整体利益的最大化，在家庭领域，就是让家庭整体的幸福最大化。我们一起做的蛋糕，无论你是怎么付出的，我是怎么收获的，我们首先考虑的是让这个蛋糕最大化，让更多的家庭成员能够享受到。为了达到这个目标，个人的喜好、意愿等就要略作妥协。

自由路线强调付出和收获的平等，谁投入多，谁就收益大。在家庭领域，就是由各自贡献决定收益。在做蛋糕时，每个人可以根据自己的特长，做成自己想要的样子，我的付出决定了我的收获，我付出越多，我切的蛋糕就越大，只要不损害他人的利益，我们都有权去做分配。

德行路线注重对弱者的保护，这也是桑德尔认为整个社会应该共同推进的公平方向——"共同的善"，如何让世界变得更美好。**在家庭领域，也总会有弱者，比如孩子、老人，如何让他们的利益能得到更好的保障，就是一种"善行"，**这也是一种公平逻辑。

所以我们共同做的那个蛋糕，应该比原先两个人各自做的加在一起更大，也要比独自一人做的更美味。我们心目中要对爱情有这样的想象，然后朝着这个方向去努力。而要做好这个共同的蛋糕，我们就要考虑福利最大化，同时每个人都有自由选择的权利，贡献能够被独立地看到，最终做出一个大家都喜欢的蛋糕，达到"共同的善"。

当我们走出零和游戏时，我们就可以去讨论更高阶的爱情，打开大家对爱情的想象，突破你、我、我们这样简单的线性关系，在更大的层面想象我们一起做出的蛋糕最后会是什么样的。它可能很抽象，没有标准，但恰恰是让恋人们最为心动的地方。我跟你在一起能看到的美景，很多时候远比我们想象的要更美好。因此我们才会愿意让渡自己的权利，并为之奋斗。在这个过程中，我们所有的妥协和争取，不只是为了一方好，而且是为了共同的幸福，是一种全新的推动社会向善的模式。这种幸福在爱情的早期是不为我们所认知的，甚至是没办法想象的，但是没关系，从互惠型、享乐型进入爱情，到达最后的成长治愈型，就是逐渐进入理想的、美丽的、幸福的爱情的过程。

要点回顾

当我们谈我、你、我们的时候,其实可能有一个更高的目标存在,就是形塑一个幸福的爱情的模样,这里融合了我、你和我们。我们最终的目标是每个人在里面不仅生活得很快乐,而且对整个社会有意义。爱情不只是你爱我或我爱你,爱情更大的意义是激发两个人对生活的更大热情。在协调福利和自由的基础上,建立有德行的爱情模式和婚姻模式,这决定着我们的关系能走多远。在这个长期的过程中,我们需要不断磨合。社会没有给我们提供什么是幸福的标准,我们要一起寻找最舒服的状态,让爱情进入一个新阶段,而这个阶段会慢慢延续,越来越长。

Chapter 5

爱情新脚本里的长期关系

爱情的曲线是起起伏伏的,

有激情,有仪式感,也有平淡的日子,

然后会让两个人产生越来越紧密的联系。

要去想象和创造这样一种不断变化的关系。

伯纳德·默斯坦的"刺激—价值观—角色"理论提到过初期关系和长期关系的经营逻辑是不同的：在初期关系中，恋人之间寻找的是共鸣，我们越是能找到一致的地方，就越觉得两个人距离很近，越能产生爱情的感觉；而在长期关系中，角色是否能互补起到更大的作用，因此，反倒是差异大的两个人可能配合得更好。但是，也正是因为差异大，双方常常会在很多事情上有不同的想法和解决方案，容易起冲突，因此处理好差异和冲突成了维护长期关系的核心能力。甚至我们可以这么说：双方对冲突的处理方式是否能磨合好，决定了一段关系是否能长久。

那么初期关系要多久才会到长期关系呢？主要取决于两个人在一起的时间和双方的性格。第一章里我提到过"18个月理论"，它给了一个比较具体的从初期关系向长期关系转折的时间点。相爱开始的18个月，两性关系的重点是相似，18个月后则更在乎互补。在互补的过程中，我们要重新认识差异，享受差异的好处，让处理差异的能力成为处理长期关系的核心能力。

当然，这个时间长度不是必然的，两个天天黏在一起的恋人和两个身处异地的恋人，显然情况不同。在实践中，也不存在一个明确的节点让我们感受到我们从初期关系走到长期关系了。这里强调的是，当你的爱情持续了一定时间后，你们双方一定会发现早期的激情不再了，好像爱情和开始时变得不同了，这个时候，你们需要意识到，你们处理关系的方式和原则可能也需要随之改变。

这一章，我围绕爱情长期关系的特征，具体聊聊如何来处理长期关系中的差异和冲突。

♥ ♥ ♥ ♥ ♥ ♥

20

加法关系：和亲情不同的长期爱情

童话故事的结尾总是王子和公主经历了重重磨难后，从此幸福地生活在一起。之后如果还要继续这个故事，常常就变成家庭伦理剧，甚至可能是家庭狗血剧，婆媳问题、出轨问题、孩子教育问题成了主要的情节，故事马上充满了悲剧色彩。

影视作品向我们展现的爱情，常常是两个极端，刚开始时特别美好，富有激情，到后面就变成鸡飞狗跳。这是一个很大的误导。在爱情旧脚本里，日子是按照减法过的，婚姻关系一旦确立，大家一般不接受终结，因此即使有问题也会忍耐。可在新脚本中，爱情是做加法的，确认关系后我们依然需要保持彼此的吸引力，日子因为互相吸引而一天天加上去。一旦不再相爱，关系也就结束了。这也是爱情和亲情的不同之处，亲情不需要反复证明，但是爱情在确认关系后依然需要反复体验"我们相爱"的感受，否则就会产生问题。

美剧《中产阶级》讲述了女性对爱情关系的体验诉求，里面有个特别有趣的场景。妻子对丈夫说："你从来不说我爱你。"丈夫回答说："我娶你那天已经说过我爱你了，如果有变，我会通知你。"你看，对于这个丈夫来讲，一旦确立爱情关系，后面就不需要再做解释和确认，在他看来，如果没有变化，何必要反复强调我爱你呢？

很多人会忽略长期关系中"爱的感受"体验的重要性，也没有重视初期关系和长期关系的不同，在面对两个人冲突的原因时，又很容易简单地归结为：性格不合。这背后有很多误区。

误区一：用初期关系逻辑来处理长期关系

回到爱情四象限理论。不论从享乐型还是互惠型进入，我们最后的目标都是走到成长治愈型的爱情。在不同的阶段、不同的时期，爱情会有不同的样子，我们的目标不是要保持相爱伊始时的激情，而是要发展这段关系。研究发现，要一直保持爱情刚开始的激情状态，其实是非常艰难的，而且并不见得是理想状态。因为处理初期关系的逻辑和长期关系的逻辑是不同的。

在爱情的序列理论中，爱情最早开始的时候，激情发挥了特别重要的作用。一遇见他/她就心潮澎湃，一天不见就魂牵梦萦，一牵小手就激动一宿，这真是太美好了。生物学上用"多巴胺"这种物质来解释这种激情，但是多巴胺有一个重要的特征就是对预期外的东西产生强烈反应，一旦体验变成预期内的，多巴胺的释放就变弱了。那是不是从生物学上来讲爱情就必然是短暂的呢？《贪婪的多巴胺》一书告诉我们并不是这样的："激情之爱也可能转化为更持久的东西。它可以成为陪伴之爱，这可能不会像多巴胺那样让人兴奋，但基于当下神经递质，如催产素、血管升压素和内啡肽的作用，它会为你提供长期的幸福感。"

感情就像流水，既想要河水很深，又想要它奔流不息、澎湃汹涌，就需要消耗很多很多的能量。激情之爱会消耗大量的能量，而且期望值会不断加大，直到无法满足。

在长期关系中，除了激情，也需要另外两个东西，叫作安全感和确定性。心理学家埃丝特·佩瑞尔写过一本《亲密陷阱》，她发现：一方面我们希望爱情能提供一种超然的激情，让我们有超越常规生活的体验；另一方面我们又希望爱侣是个稳定可靠的锚，能为我们提供安全感和稳定性。这两种需求本身是冲突的，如果你希望爱情是稳定的，那你对激情的欲望可能就会不断衰退。她认为，如何调和这两方面的需求，是现代夫妻（长期关系）要面临的挑战。安东尼·罗宾斯说，激情和不确定性是正相关的，关系越不确定，有时我们就越有激情，这也正好解释了为何《廊桥遗梦》这个婚外情故事会成为经典。人们常常是享受舒适的同时又渴望激情，在享受激情的同时又需要安全感。

在爱情刚开始的时候，如果有竞争对手争夺爱人，会激发我们爱的斗志，让彼此更珍惜在一起的机会，但是在长期关系中，出现竞争者却会损害两人之间的信任感和安全感，反倒是破坏爱的。所以，如果用初期关系的逻辑去经营长期关系，常常会适得其反。

那两个人之间到底怎样才能既保持激情，又相对有安全感和信任感呢？大量的研究为我们提供了一系列解决方案，比如**要用发展的眼光看爱情**。爱情是慢慢走向成长治愈型的，它在不断变化，成长本身就带有不确定性，能提高新鲜感，虽然我还是过去的我，可是我在不断进步、不断改变，你看，这不就有新鲜感了吗？在追求成长的过程中，我们也接受了这种不确定性，减弱了不确定带来的恐慌与对安全感的追求之间的对立，这就是一个很好的认知改变。

又如我们提到过**"30 分钟的爱情"**。在长期关系里，除了爱情，你还有亲情、事业，还有很多事情，一个人怎么可能一辈子都在谈恋爱呢？爱情很重要，但绝不是生活的全部。工作忙碌的时候，每天只要拿出 30 分钟，集中能量增加爱情的体验，使激情之爱时不时地再现，这种方法也能很好地平衡我们对激情与稳定的需求。

误区二：用亲情逻辑处理长期爱情关系

我们常常开玩笑说，时间长了，夫妻间就像左手握右手，成了亲人。但实际上，要把爱情变成亲情是挺不容易的。在大多数情况下，亲情的确定性、稳定性远高于爱情。你不太会担心妈妈不爱你了，因为血浓于水，即使长久不见面，我们也不需要让妈妈向我们证明她是爱我们的。亲情的牢固性超越了我们的想象，它不存在选择，而是一个一旦确认就永远存在的联结。爱情是一个选择，选择一个人实际上也是选择了一种生活方式，而在任何一个时间点，只要有一方选择终止，这种联结就结束了。

人类学家卢蕙馨在研究 20 世纪 70 年代中国台湾地区家庭课题时，提出了一个概念，叫作子宫家庭：共享一个子宫或通过子宫孕育产生的关系是女性认为最重要的亲密关系，所以妈妈、兄弟姐妹等人可能比配偶更为亲近。这和之前认为女性一旦结婚就"嫁鸡随鸡，嫁狗随狗"的观念不同，即使在父权制时代，亲情也要比婚姻关系更稳定。

今天离婚率不断上升，说明爱情经常出现变动。如果你用亲情逻辑去经营爱情，认为反正这就是固定关系，那显然是有问题的。比如，在亲情里我们可以做到非常真实，不论我们是蓬头垢面还是言语不当，我们的父母都能容忍我们。于是我们认为在爱情里也应该这样，你就要接受我最真实的样子，尤其是我不好的一面，你越接受就越说明你爱我。但是这种观点对爱情是一种很大的挑战，尤其是在爱情的早期，我们爱一个人常常是爱他/她的美好，日久才见人心，人心需要慢慢建设，而不是一开始就能经受各种挑战。人们之所以发明香水、化妆品等，就是希望给爱的人留下一个好印象。

我不是鼓励你去表演一个完全不像你的自己，而是提醒大家，爱人和父母不同，他/她对你真实样子的接受度是需要时间积累才能越来越大的，因此不论是仪态还是说话，都要留一定的余地，不要因为他/她爱你，就觉得他/她可以承受任何一句伤人的话，容忍你所有的错误。**面对爱的人，我们依然需要一个体面的边界，保留一定的距离和美好。**

经营长期关系的建议：创造仪式感

我们强调长期关系的稳定性，并不是说激情在长期关系中就不重要了。恰恰相反，激情永远是维系感情的重要因素，只是它出现的频率不再像在初期关系中那么频繁了。

如何在长期关系中体验激情？我建议的方法是"创造闪亮的日子"或者"创造仪式感"。研究发现，在长期关系里，爱情的发展路线不是一条始终平稳上升的直线，它是起起伏伏的，在某个高点上，我们会觉得很开心，可遇到日常生活的琐碎，它又会往下掉，掉到一定程度的时候，我们就需要一些仪式性的东西来挽救，创造一些闪亮的日子，让它慢慢回到高处。一段时间后，它会再落下，如果你一直不去救它，就落到底了，很难再弹起来。这些有仪式感的闪亮日子，就是激情的再现，它的作用就是把后面的日子照亮，让彼此依然能感觉到爱。

这里再进一步解释一下什么叫仪式感，或者怎么去创造闪亮的日子。

我把它称为爱的体验、生活的加法，就是**郑重其事地去做一些非必要、非功能性的事**。就像玩游戏，游戏的定义是按照一定的规则完成一个非必要的目标。比如，俄罗斯方块的目标是把不同形状垒起来，可我们为什么要做这件事情呢？它的意义在哪里？其实是没有的，但它就是让我们很快乐。仪式感也是这样，如果是功能性的，那它就不是仪式感，而叫作责任分工。

仪式可以是日常的特殊约定，也可以是特殊日子的惊喜，比如两个人坚持一定要一起吃早饭，坚持隔多久一定要一起去看场电影，这就是日常的特殊约定；而每年一次结婚纪念日的互赠礼物，或者每年两天两个人的旅行就是特殊日子的喜悦。这些事情在日常生活中都是非必要的，不看电影又怎么样？早饭分开吃又怎么样？不旅游也可以啊，很多人的人生不都是这么过的嘛。可如果你想要维持爱情的体验，就要郑重其事地去做这些事，这才是仪式感。因为这些事会不断再现"爱的承诺"，可以帮助我们不断确定和体验爱情关系，能让我们感受到"我们"是一个整体，感受到背后依然存在的激情。

那为什么要"郑重其事"呢？因为虽然是做一些非必要的事情，但是彼此交换的却是各自的稀缺资源。一个日常活动如果没有涉及稀缺资源的交换，那往往很难有仪式感。比如，两个人每天都有大量的空闲时间，那早上一起吃饭就跟仪式感没什么关系。可如果两个人非常忙碌，时间很稀缺，那能在一起吃饭就很不容易。要在繁忙之中抽出时间来陪你吃早饭，这并不是必要的，可我郑重其事地做了，就创造出了仪式感。爱情小说里霸道总裁怎么体现对女主角的爱呢？他会拿出一整天的时间陪她坐旋转木马，女主角（以及读者）就会很感动。而一个穷小子如何表达爱呢？常常是他把一个月工资，甚至一年的收入结余买了条昂贵的项链给女主角。如果反过来，霸道总裁送一条项链，或穷小子陪女主角玩一天，我们都不会感动，因为两个人的稀缺资源是不一样的，霸道总裁缺的是时间，穷小子缺的是金钱，只有把稀缺资源拿出来，才能感动我们。礼物的意义也正在此。

不仅需要拿出稀缺资源，创造仪式感还需要想象力。可想象力不够怎么办呢？没关系，我提供三个技巧给你。

第一，模仿电影或电视剧桥段。举个例子，有一年我跟我先生在恋爱纪念日时正好看了一部电影，关于情书的，里面有个场景，男女主角认识了几年，女主角每年一发生重要的事情就会写一封信，累积起来，最后见到男主角，把这些信交给他说：你不在我身边的这些日子里，我把每一年的思念都写了下来。我跟我先生天天在一起，不能照搬这个。但它启发了我，我们每年都会一起经历一些重要的事情，很有价值，所以我就买了很多明信片，从我们认识的那一年开始，把每一年一起经历的最重要的事情记录下来。比如，我们相识的第一年，在外滩一起迎接香港回归，钟声敲响时我们拥抱在一起，这对我来说很重要。后面的每一年，我也会选择一件重要的事情写下来给他，他就很感动。这就是我模仿来的，只是稍微做了一些改良。所以，看爱情剧其实也是有用的，偶尔抄个作业，稍微改变一下，男女主角的浪漫就可能变成你我的浪漫。

第二，注意积累生活中的浪漫灵感。商业社会给我们提供了很多灵感，比如你可以去网上搜索"情侣一定要做的 100 件事"，里面有些就可以成为你仪式感的素材。你也可以关注一些商家，看他们推出的活动——烛光晚餐、海边散步，都可以成为创造仪式感的内容。又如，在 5 月 20 日这天转 520 块钱给她，这真的是非必要行为，明知是商业炒作，可女孩子还是会很高兴。不要嫌弃仪式感很俗，要看对方吃不吃这套，如果对方吃，再俗都有用。当然，背后有没有真心，也是互相能感受到的，只要真心到位，就不怕套路。当然，如果认为"520"这天必须转钱，不转就是不爱，就马上脱离了仪式感的概念，变成功能性作用了。

第三，根据家庭特色做一些可以不断重复的设计，时间会给浪漫加持。比如，我们家就特别喜欢每年全家人一起穿着亲子装去拍全家福，看着孩子成长，看着家庭一点点变化，这让我们特别快乐。这些可以重复的日常行为一旦持续数年,其意义就闪现出来了。

日子要想过得有滋有味,靠的不是日复一日的琐碎,而是这些闪亮的日子。当然,它的频率不能太高,如果频率太高了,大家会很累,保持一定的节奏就好。

要点回顾

我很希望大家在经营爱情的长期关系中,不要搞错努力的方向:一是不要用初期关系里激情的逻辑,去衡量我们的长期关系;二是不要用亲情的逻辑去处理爱情,放弃积极的努力。恰恰相反,爱情不是一个长期的亲情,也不会是短期的激情,它会不断呈现自己新的样子。爱情的曲线是起起伏伏的,有激情,有仪式感,也有平淡的日子,然后会让两个人产生越来越紧密的联系。要去想象和创造这样一种不断变化的关系。

我们要有一个意识,主动去给予对方爱的承诺,不断去创造和丰富爱的体验。并且通过仪式感,不断去再现我对你爱的承诺。这一点对长期关系的经营来讲是非常重要的。

21

长期关系里的三大错误努力方向

相爱容易，相处太难，经营长期关系很不容易，尤其在漫长的岁月里面。有的人因为太累中途就终止了关系，及时止损；有的人始终孜孜不倦地努力经营爱情，可爱情并没有变得更好，甚至越努力，对方越不接受，越努力越有问题，非常沮丧。

其实，这是因为我们在认知上出现了一些误区，努力的方向错了，结果自然不好。这一节我们就来讨论长期关系里常见的三种错误努力的方向，以及到底怎么做更合适。

错误方向一：不断付出，以为付出会带来爱

我们常常误认为在爱情里多付出就是好的，我对你越好，你就越会留在我身边。

前面已经谈到过付出和给予的不同。美国社会学家认为，评判付出感有两个标准：第一个是自我牺牲，我愿意为了你的需求牺牲我自己；第二个是无条件支持，两个人为某件事起了冲突，我一定把你的利益放在首位，无条件支持你，我觉得你比我更重要。

爱情旧脚本鼓励大家付出，过去的女性，不论是妻子、母亲或是儿媳妇，都特别具有奉献精神。为什么爱情旧脚本里付出和奉献这么重要？因为女性的角色都是照顾者，照顾丈夫，照顾孩子，照顾公婆。照顾者非常累，做得好不好很多时候不是根据实际工作来确定的，而是根据被照顾者的情况来决定的，常常没有成就感。那怎么激励她们坚持下去呢？过去的社会将这种奉献牺牲看成美德，给予表彰。最极端的例子就是给贞节烈妇立碑，赞美她们把私欲全部抹掉，把人生全部奉献给了他人，甚至是奉献给已经死去的人。这里一定要强调一下，奉献和牺牲，当然是人性里好的一面，可问题在于一味地奉献和牺牲，自我就会被压制得所剩无几。

心理学强调人有三个我：本我、自我和超我。本我是本能的欲望，想吃好的，不想干活，讲究快乐原则或者好吃懒做原则。

自我是控制本我的，告诉本我这样子不行，越吃越胖，得运动。超我是超越自己的利益，优先考虑别人，为别人奉献牺牲。正常人的三个"我"会互相平衡，而旧脚本里提倡的付出，其实就是发展超我，压抑本我和自我，于是时间长了，很多人会感到压抑甚至抑郁。

遇到一个有极强"超我"意识的付出者，常常会带来以下三个问题。

第一个问题，"超我"意识强的付出者，给别人的东西不见得就是对方想要的。 前面讲过，关心和控制没有明确的界限，我需要的时候是关心，不需要的时候就是控制。超我的强大不仅压抑了我们的本我和自我，也模糊了你和我之间的界限，甚至不分你我，把你我当作一个整体。父母强大的"超我"常常干涉子女的"自我"发展，也会压制子女"本我"的享受，这也是今天亲子关系冲突里经常出现的问题。比如找工作，你其实想找一份能发挥你专业的工作，但父母会说你应该找稳定的工作，他们会很积极地帮你找关系，动用人脉，付出很多，结果你还不领情，然后父母就会很生气。或者催你找对象，催你结婚，催你生孩子，为了你能有对象，他们发动了身边的亲朋好友给你找合适的人，结果你还不要，然后父母又会生气。你会发现这种情况都是父母在努力给你一些他们认为的帮助，但是你不需要，感觉自己被控制了，于是矛盾变大。

第二个问题，付出者表面上不求回报，可实际上果真如此吗？不是的。 付出者不一定需要物质或同等劳动的回报，但是付出者的每一次付出都希望被看见，被对方接受，如果这个付出没有被看见，没有被感谢，付出者就会很愤怒、很生气。

举一个日常的例子，妻子给丈夫做了一顿精美的晚餐，等着他回家吃饭，丈夫因为工作忙碌半夜才回来，饭菜都凉了，妻子就非常生气，然后开始唠叨，要求丈夫下次一定要早点回来，如果不回来，一定要提前说。而丈夫觉得妻子很烦，就态度不好地回应道："我在外面工作不能确定什么时候回来，你以后不要给我留饭菜了。"然后夫妻开始吵架了。

妻子抱怨的不是做饭菜有多辛苦，也不是要求丈夫给她做饭菜，而是她需要被看到付出的一面，这就是她要的回报。可惜这种要求常常是落空的，所以夫妻间往往会产生很多类似的矛盾。付出越多，失望就越大。

第三个问题，"超我"意识强的人，不太会接受别人的付出。 当你想回报一个愿意为你付出的人时，比如给妈妈一笔钱，或者也为妈妈做很多事，你会发现，她经常是不要的。为什么呢？不是要求付出被看见和感谢的吗？给你直接的回报，你怎么又不高兴了呢？

这是因为，奉献的前提就是不求同等回报，如果你回报了同样的劳动或给了物质补偿，那付出者的奉献美德就得不到张扬了。你仔细观察一下身边付出感很强的人就会发现，你的回报对他们来说不太有价值，你做任何事她都会贬低你，你今天给她送束鲜花，她就说：没什么意思，你以为送束鲜花就能抵消我对你的爱吗？于是，焦虑又唠叨的妈妈或妻子总是特别多。

所以，付出感往往是长期关系里最后的也是最厉害的感情杀手，一方面它会使接受付出的人处在非常内疚的状态，另一方面又会让付出者非常愤怒，这个状态会持续反复地出现，甚至有时会让我们觉得，不管我是接受你的付出，还是不接受你的付出，我都会陷在道德困境里。

在这里，我提供一些改变认知的思路，也许能帮到一些朋友。

首先是给付出感很强的朋友，你可以做这样的认知调整：尝试接受本我和自我，试着接受别人对你的好，试着承认自己的很多需求是正当的，让自己过得快乐一点，这样也会让身边的人更轻松，一个快乐的妻子往往比一个勤劳但唠叨的妻子更受伴侣喜爱。同时，你也可以尝试从付出变成给予。给予和付出背后有一个本质区别。给予时我们是愉悦的，做这件事本身能让我快乐；而付出则是做这件事要牺牲自己的利益，它让我不舒服。所以，那些做了牺牲会很大也让你很不舒服的事就不要做，这世界不会因为你停止做什么就不转的，尽可能去做那些给予时很快乐的事，让自己先快乐起来很重要。最后，学着去信任他人，相信每个成年人都有自己照顾自己的能力，即使他/她照顾自己的方式你不太认同，也试试相信他/她。

而如果你身边有一个付出感很强的人，你千万不要阻止她的付出，说她做的这些没有意义，这对她会是非常大的伤害。首先，你要告诉她的是：我看到了你的付出，我很感谢，但是如果你换一种方式付出，我会更喜欢。比如，刚刚说到的丈夫首先要肯定妻子做饭菜的努力，然后可以告诉她：如果我回到家，能让我先躺在沙发上休息半小时，我会觉得更幸福。其次，我们需要换种话语体系，鼓励付出者接受这样一种新的观念：其实对自己好也是一种很重要的付出。比如，我经常感谢我父母对他们自己身体的照顾，他们健康给我减少了很多麻烦。这会让付出者对自己好一点有心安理得的理由。

在长期关系中，我们需要找到调试的方法，尽管调试的过程可能很漫长，但我一直觉得，我们爱的人不是完美的，会有各种问题，可正因为彼此相爱，所以也会努力想要让彼此过得更舒服，让两个人在一起的状态变得更加舒服。

错误方向二：强调真实自我，不考虑对方的接受程度

第二个错误方向正好和第一个相反。年青一代总觉得父母那一代在感情里付出太多，没有自我，所以在自己的爱情里会特别强调真实的自我，强调对方爱我就要接受真实的我。但是研究发现，很多人所谓的真实自我，其实就是本我。比如：我在外面打

扮得很精致，回到家就蓬头垢面；在外面说话很注意，回到家里想怎么说就怎么说；你如果爱我，就要接受家里这个真实的我，这个我是遵循快乐原则和懒惰原则的。问题是我们自己其实也不太能接受那个真实的自我，我们常说要遇见更好的自己，努力打造更好的自己，说明我们其实知道真实的自我往往像小孩子一样任性又懒惰，它无益于长期关系的处理。

恰恰是那些具有超我精神、付出感特别强的父母，容易养出这种强调本我的孩子。比如大家常说的，有一种冷叫妈妈觉得你冷。当妈妈不断告诉你要怎么做的时候，你的自我就成长不起来，你的本我没有跟自己对话的过程，然后因为叛逆，不断跟父母代表的那个自我做抗争，从而使得本我变得非常强大。所谓巨婴，指的就是本我强大的人。两个巨婴谈恋爱就比较麻烦了，因为他们都只考虑自己怎么开心，怎么舒服。

一个人总是强调本我，就不太会考虑对方的感受，不太会妥协，也不会奉献，因为妥协和奉献都是自我与超我的功能。在爱情里面，这样的人会把本我合理化为真实的自我，你爱我就要接受真实的我，于是就特别容易发生这样的事：他对别人的态度都很好，唯独对自己爱的人不好；对别人的容忍度很高，但对自己爱的人容忍度就很低，甚至动不动就发飙。他会不断测试对方爱不爱他，每一次测试都是在告诉对方：我不相信你爱我，你要证明给我看。本我强大的人，其实都是非常任性的孩子。我知道你喜欢我，所以就肆无忌惮地发挥本我，你要证明你爱我，就要认为我的本我是很可爱的，可实际上对方根本没有办法做到。如果对方的能量很足，状态很好，可能会容忍你；一旦对方状态不是很好，情绪低落，问题就会很严重。于是，激情一过，各种问题就出来了。

这里还有一个问题，虽然本我强大的人会强调真实的自我，但他们却无法接受对方的那个真实的自我，而是用脚本去套，希望对方努力符合脚本中的角色，呈现更多的超我。但即便对方呈现了更多超我，他们又会觉得自己被控制了，回到了和父母的关系模式，这也是他们不能忍受的。所以，走着走着他们就发现，以前特别不喜欢父母的婚姻，结果自己的婚姻也跟父母的一样，这就是没有处理好本我、自我、超我三者的关系。所以，从这个角度讲，每个人其实首先要学会和自己恋爱与相处。

那成年后，如何处理好这三个"我"的关系呢？

第一点，要有自我对话的能力。每次遇到这种事，先学会反问自己：真实的自我到底是什么？是好的吗？值得对方爱吗？有一次，我在单位里被领导批评，特别生气。但是我忍下来了，对领导说："我知道了，我会努力改进。"回家后我跟我先生讲领导是怎么怎么批评我的，他说："我觉得领导批评得很对呀，你就是有这些问题。"我一下就爆掉了："你怎么能这么说我？"我俩大吵了一架。可吵完后我突然意识到，为什么我对领导能容忍，对爱人就一分钟都不能忍？为什么爱一个人就必须接受对方的缺点，还不能提出异议? 想明白这个逻辑问题,之后每当我俩要发生冲突前,我就会先做自我对话:我为什么生气? 原因是什么? 久而久之,我慢慢就走出了这种困境。

第二点,要学会考虑他人的处境。你偶尔也可以做一些表演,不是虚假性的掩饰,而是一些原来你可能不会做的行为,可如果你觉得做了之后,对方的感受会好一点点,你们的关系会更和谐,那不妨就努力试试看,这就是双方关系的一个良性循环。比如,我以前特别没有幽默感,在两个人的关系里,我先生经常是讲笑话、调节气氛的那个。他有一阵子工作压力很大,我尝试每天也讲一个笑话给他听,这就是跟我从前的常规行为不同的小表演。我的记忆力不太好,所以常常下午背了一个笑话,可是晚上却怎么也想不起来了,而他觉得这就是最好笑的笑话,的确能解压。很多幸福的人,其实都是可以拿"奥斯卡"演技奖的,他们能根据不同场合来调整自己的状态。

当然很多人会觉得一直表演岂不是很虚假,另外我的本我谁来照顾呢? 我们并不鼓励你一直表演,压抑自我,而是在需要的时候,或者每天 30 分钟的爱情时光来做一些调节。你可以在其他的时间和场合来展示本我,或者发泄情绪。我如果情绪不好,我回家就会直接告诉家人谁都不要来打搅我,我需要一个小时的安静时间,谁来打扰的话,我可能会发飙! 把这样的需求明确告诉家人,其实是可以被理解的。当然,频率不能太高,如果很频繁的话,就不是情绪的问题了,而是要去解决具体的问题。

错误方向三：力图用谈话解决所有问题

现在流行各种各样的沟通术，好像跟一个人谈得来就能相爱，遇到问题就要用谈话来解决。易洛斯认为，这种迷信在现代社会特别普遍。我们认为语言沟通是解决所有问题的方法，实则不然。对一部分人，尤其对女性来讲，语言沟通很重要。但对另一部分不擅长语言沟通的人来说，他们经常会手足无措。在我们的文化里，阳刚的男性通常是沉默寡言的，他们不太擅长语言沟通，更多的时候会选择非语言沟通。有些男性犯错误，你叫他说"我错了"，这实在是太难了，很多男性永远不会说"我错了"，可事后却会通过行动努力去弥补，这就是他沟通的方式。

行为是另一种沟通方式。很多时候，看看对方做了什么，也是很重要的。经常对爱人的行动给予及时的肯定，非常有助于关系的进步。此外，**身体语言也是非常重要、非常亲密的语言**。

前面讲了，本我里还有一个快乐原则，其实就是人的欲望，是身体本能反应的体现。自我和超我经常会抑制人的快乐原则。你会发现，所有你喜欢做的快乐的事情，比如打游戏，妈妈都是反对的。但是你要知道，身体的快乐在爱情里非常重要。我们在解决问题时，包括进行联结的时候，也可以多用一用身体语言。比如，我在两性关系的课堂上，经常会教大家不同的拥抱方式。常规的礼仪性拥抱是打开臂膀，呈斜角拥抱对方，不碰触胸部。情人间的拥抱是支持型的拥抱，双方每一个部位都可以贴合。还有一种撒娇型拥抱，可以挂在对方脖子上，甚至依偎在对方胸前，被对方紧紧抱住。这些拥抱往往能给人非常强的力量，一个拥抱很可能胜过千言万语。

这里并不是说语言沟通不重要，而是希望我们都打开亲密关系的想象力，表达亲密的方式有很多，语言只是其中的一种，行为和身体常常被忽略，但其实它们也很有力量。

要点回顾

本节讲的三个错误方向,常常使得我们在长期亲密关系里做的努力与美好结果背道而驰。尝试破除这些误区,就是在重新审视人的本我、自我和超我,做到三者的平衡。社会学告诉我们,任何一种类型的关系,要想维系好,都离不开自己的成长。这就回应了本书开始时讲到的,我们跟所有人的关系,核心都是与自己的关系。而亲密关系其实就是给了我们一种成长的途径。我们通过爱情看到镜像自我,不断地调整自我,学会和他人形成联结,这是爱情最重要的意义。

22

失去价值的处女情结：
长期关系里的性

在长期关系里，性的和谐非常重要，可是我们经常会把性当作爱情刚刚开始时需要面对的问题，或者专属于年轻人的问题。其实，对老夫老妻来说，性关系起到的作用同样很大。

在我遇到的很多夫妻关系有问题的个案中，60%以上有性的问题。有些是因为性本身不和，滋生各种矛盾，有些是因为生活中有了冲突用拒绝性来惩罚对方，导致问题越来越严重。由于在日常生活中，性常常被看成是不可言说的，因此，很多性的问题被压抑在人们情感最深处，得不到释放和解决。

限于篇幅，这一节聚焦亲密关系中性的六个误区展开讨论，因为只有调整性的认知才能有更好的性关系。我们在2021年开设了一门"沈奕斐的性教育课",系统地谈了爱和性的关系,以及如何实践好的性关系。

误区一：处女身份很重要

虽然已经到了21世纪,可依然有很多人认为女性保持处女是很重要的,不仅很多男性在强调,很多女性也认为处女比非处女更有价值。

人们认为这种观点是中国的"传统"观点,其实,在中国历史的早期是没有"处女情结"一说的。五代十国时期,人们并不看重女性的第一次,那些亡国的妃子常常在被别的皇帝抢占后,再为他们生孩子,寡妇再嫁也是非常普遍的。贞节烈妇的概念是从宋朝才开始兴盛的,这一观念的传播和对女性的一系列"守妇道"的规训有关,而"守妇道"规训背后有一个很重要的利益考量:保证女性所生的孩子是她丈夫的子女,并且能安于生活在家庭内。

有研究认为,之所以很多社会强调女性的贞节,是为了确保孩子是丈夫的。最早家庭的组建就是因为男性希望把财产传给嫡系(亲生)子女,可过去又没有亲子鉴定,怎么保证孩子一定是亲生的呢?人们设计出一种订婚模式。男女订婚其实就意味着公示契约关系,由于男女两性不同的性道德,大家都会严格监督女性的社会交往。订婚仪式一年后两人再结婚,女人再生孩子,那丈夫就基本能确定孩子是自己的了。那么,在亲子鉴定技术如此发达的今天,处女身份还重要吗?处女的价值在哪里呢?一个没有任何亲密关系经验的人,能处理好长期的爱情关系吗?一定就适合做终身伴侣吗?答案都不是肯定的。也就是说,在爱情新脚本里,处女的功能性没有了,它已经成为一种个体的选择。

尤其是现代医学发现其实女性并没有那一层大家想象中的"膜",也并非每个女性第一次性行为都必然会出血。因此,在科学层面,再去强调处女身份也没有道理。

我并不反对有些人强调自己要以处女身份进入婚姻,我也不认为在结婚前有越多的性体验,婚姻就会越好。我在这里重点探讨的是:**如果男性强调自己一定要找一个处女是什么心态?问题在哪里?**

如果男性对自己也有处男的要求,并且觉得双方都应该是结了婚才可以发生性关系,我觉得这是可以理解和接受的,是一种比较公平的选择。但是,很多男性,自己并不是处男,却在恋爱期间和女友发生性关系的时候,发现女友不是处女就表现得非常失望,并对女友有种种责难。在我看来,这样的男人仍然处在爱情旧脚本里,你在他眼中依然是被物化了的角色,而非一个独立的人。

什么叫物化?就是将生命看作物品,物品都有归属权,除非我们明确了共享关系，否则凡归属于个人的物品，别人就不能随便占有。但生命本身是不存在归属的，一花一草，即便所有权归你，别人也仍然可以看、可以闻。没有一朵玫瑰会因为被人闻到芬芳，被轻抚过而贬值的。如果一个男性有处女情结，就意味着他把女性看成一个物品，因而会表现出强烈的占有欲。如果一个女性也强调处女的价值，那就应该思考一下，处女对自己来说到底具有什么样的价值，为什么对自己非常重要。

除此之外，很多男性强调处女情结，很可能是出于一种自卑感。有处女情结的男人通常会把爱情当成一种竞争，不仅是伴侣之间的竞争，还有跟他人的竞争。而男性最怕比较，如果你不是处女，他就会担心自己会不会被其他男人比下去。相反，如果你是处女，那太好了，反正你也不知道别的男人怎么样，只能相信他是最厉害的。

还有一种自卑的情况，是男性在其他背景条件上输给女性，比如学历没你高或家庭背景差异比较大。这个时候，他会通过贬低女性的性价值，比如嫌弃女友不是处女，来达到心态的平衡。一旦女性接受了这一套说辞，真的觉得自己不应该在此前发生性关系，而更讨好男性，男性潜意识里就会把这一套理念进一步正当化、合理化。所以，看看男性对于处女的观点，也许也是一个很好的筛选长期伴侣的方法。

处女情结在当下社会的意义在哪里呢? 在女性学里有一个符号

理论，认为处女情结的所有功能或好处其实都是人为赋予的，是社会赋予了这层膜诸如忠贞、纯洁之类的道德象征，实际上它是没有太大用处的，这反映的其实是我们对处女的迷恋，或对性本身的禁忌。处女情结，说到底就是一个旧脚本的产物。

在这里，我也再强调一下，我认为以"是不是处女"来衡量一个女性的价值是一件在当代没有意义的事情，但我并不认为洁身自好是有问题的。每个人，无论男性女性，都需要对自己的身体负责，在没有做好准备的情况下就发生性关系，对自己和对他人都是不负责任的。

经常有人问我：到底什么时候才可以发生性关系？在我看来，这完全是一个成年人的自由选择，只要你能保证是在自愿、安全、愉悦的前提下发生性关系，18岁以后随时都可以开始，如果你认为把性关系留到婚姻里才是最理想的状态，那也是一种合理的选择。不管哪种选择，成年人能承受选择的后果即可。

误区二：性专注=对其他异性丧失兴趣

在很多人看来，一旦在长期关系里建立了一对一的关系，两个人就应该保持性专注，不能再对其他异性有任何兴趣，甚至看也不能看。实际上这非常不现实，食色，性也，保持对异性的好感，喜欢看美女帅哥，是人性中最正常的需求。

在这方面，我也有过观念的改变。很多年前，我刚跟我先生谈恋爱，有一次在街上走，我跟他讲："刚刚一个漂亮姑娘从我身边走过，太美了。"他说："是吗，我去看看。"然后他跑过去假装走到前面再回头看，回来跟我说："果然很漂亮！"我很生气，问他："为什么身边有我还看别的美女？"他回答说："我现在喜欢看美女，说明你还有竞争力，如果有一天我对美女都没兴趣了，只看美男，说明你一点竞争力都没有了。"真是一句话惊醒梦中人啊！所以，**性专注并不等于要对其他异性毫无兴趣**。换位思考一下，女性看到帅哥不也一样发出"啊啊啊"的赞叹吗？

女性们常常担心：如果他喜欢关注别的女性，就会见异思迁。其实，从心动到行动，是有很长一段距离的。心动很容易，行动却要衡量代价。在恋爱关系中性忠贞通常是重要的，但是并不能因为性忠贞重要，我们就把对方和异性的所有交往都看作是有问题的。如果不给对方和异性交往的权利，那就意味着爱情会损害事业发展，因为现代人无法在一个只有一个性别的世界里发展。

性关注和性忠贞的背后是你我的边界问题。前面讲过，在亲密关系中，要区分"你的事"和"我的事"，心动不影响他人，责任与利益都由自己承担，属于"我的事"，即便是夫妻也没有权利阻止。但如果行动，就会影响到"我们"的关系，这是需要双方去讨论的。所以，我们真正需要关注的是心动和行动的边界是什么。双方需要讨论的是，如果你有行动以后，我会怎么做？如果我这么做了，你能否承受？

说到底，守住性忠贞只能自己来做，看管是非常吃力不讨好的一件事。我们需要努力把关系变得更快乐，更有价值，使得对方做出出轨决策的代价变大，而不是用看管去解决一个成年人的行动问题。当然，恋人本身的自律和品格也是很重要的影响因素。

性和出轨的问题其实非常复杂。我们用短短一节无法全部讲清楚，也因此，我专门开设了一门有关性和爱的课程来分享这方面的观点。在这里，我想强调的是，即使是夫妻关系，每个个体依然拥有看美女和帅哥的权利，处理好性忠贞的问题是依靠自律，而非他律。

在双方品德和自律没有缺陷的前提下，保证性忠贞，依靠的是双方对关系的满意度。如果我们在一起很快乐，总是有很多收获，那么出轨的概率就会很低。真正抵御婚外情、性诱惑最好的方式，是让你的伴侣知道你很优秀，放弃你是他的损失，而不是以近乎反人性的要求来控制他。

误区三：性与外表吸引力紧密相关

很多女性常常认为性只和外表有关联，担心一旦自己年老色衰或相处日久，便没有吸引力了。这个担忧有一定的道理。爱情开始时的确与长相有关，而且基因决定了我们会寻找更年轻、更健康的对象去交配，这样生育出的孩子才会比较健康。但是在长期关系里，性的重要功能是让对方愉悦，满足对方的成就感，爱作为一种给予的力量在性方面也是有所呈现的。

很多妻子花了很多时间和金钱在外貌上，认为自己只要保持年轻漂亮就能吸引住丈夫，但结果常常让人失望。因为很多男性更在乎新鲜感而不是单一的漂亮，大美女明星的丈夫出轨的比比皆是，男性看成人动作片还要经常换女主角。显然，外表和性有关系，但是在长期关系中，外表却不是吸引力的重要因素。

V.约翰逊等性学专家发现，其实性更多的是一个脑部运动，而不是一个单纯的生理反应，愉悦的性关系往往是双向良性的互动，包括日常生活中的身体互动、性关系中的语言交流和性行为中的双方反应等。尤其是**交流和创意，对长期的性关系影响很大**。我们在有关性与爱的课程中，介绍了如何突破"不可言说"，如何用国王日和皇后日来开启性的多元，如何通过身体语言来表达性感受等。当人们突破对性的桎梏，更坦然地享受和创造性的时候，夫妻的性关系就会更和谐，激情便能常驻。

所以，性吸引力的努力不仅仅在外表，还有其他方面需要重视。

误区四：长期的性会失去新鲜感

这一点跟误区三紧密相连，人类经常被认为是喜新厌旧的，尤其在性关系中。有些人总觉得，一个人只要被得到了，就立马变得"不值钱"了。这个观念影响了很多人，包括英国文豪奥斯卡·王尔德。他说世界上只有两种悲剧：一种是得到了自己想要的东西，另一种是得不到自己想要的东西。问题是，是不是发生了性关系就意味着得到了呢？人不是物品，发生性关系得到了一个"人"是非常旧脚本的理念，它把人，尤其是女性的价值等同于性。人也是不断变化的，随着年龄的增长，我们的心智与身体都会发生变化，所以其实你无法完全拥有另一个人。

也正因为人在不断地变化，20岁时的性体验，跟30岁、40岁都不一样。在这个动态的过程中，**新鲜感未必要通过换人来获得，我们也可以通过不断尝试和探索，比如尝试各种体位，寻求变化，来获得良性的互动。**

此外，研究发现除了性瘾等一些特殊情况，人们对性的疲惫感并不会因为换性伴侣而解决。甚至彼此矛盾的安全感和激情都是人们在性关系中需要的，有安全感的性会让人更放松愉悦地享受。我们并不愿意跟一个不熟悉的人或不知道对方身体状况的人发生性关系。

在夫妻关系中，性常常变得不那么有魅力的一个重要原因是，很多男性的择偶逻辑是前后矛盾的。 很多男性在选择妻子的时候，总是选择"贤妻良母"型，也就是选择不那么性感的女性，因为性吸引力强的女性常常和旧脚本里妻子、母亲的角色相冲突，所以就会出现"她适合谈恋爱，不适合结婚"这样的论调。雪儿·海蒂的性学研究就发现了很多丈夫在婚前选择妻子的时候，会有意识地避开对自己性吸引力很大的类型，但是长期的夫妻生活，恰恰是需要这种强有力的性吸引力才能持续的。一开始就选择了一个不那么有吸引力的女性，女性变成了妈妈后，在男性心目中，就更是和火辣的性对象的形象背道而驰了，这个时候，他们开始失望，并把其作为出轨的理由。

所以，要改变长期关系中的性问题，男性的认知改变是非常重要的。

误区五：性是权利或权力，甚至是策略

这个误区不仅在今天的中国存在，在全世界都有。美剧《致命女人》里就有这么一句广为流传的台词：性是女性获得权力的方式，这有什么好羞耻的？

性什么时候成为一种权利和策略呢？当性是稀缺资源时。过去女性比男性少，男性要发生性关系很不容易。所以女性可以用性作为奖励或惩罚的措施。**但是今天时代变了，性对大部分人来说，不再是稀缺资源**。女性如果拒绝男性，男性会有很多替代的方式，比如可以找别人，可以用替代工具，甚至玩个电子游戏，同样可以很开心。女性再想用性来奖惩男性，效果就逐渐减弱了。当性关系承载了太多权利与惩罚时，它就失去了在长期关系中的意义。

反之，男性希望用性来做惩罚或奖励，效果也不行，反倒会使得女性的"性趣"直线下降。

性，不是权利，它更应该成为爱人之间的亲密游戏，是情趣生活的体现。我们要让性回归到亲密关系中来，不要让其承载太过复杂沉重的意义。

误区六：性是肮脏的，不可言说的

中国人在日常生活中很少讨论性。我们认为这是负面的、令人羞耻的话题。尤其一旦生了孩子，基本上就没有正当理由再谈性了，甚至很多人在生育后就放弃了性，因为照顾孩子很累，而容易啼哭的孩子会影响丈夫睡眠，索性分房睡，但是分房睡可能出现的问题却并没有仔细考量。

我的一个朋友很有意思，她一直以为自己的丈夫是个"正人君子"，结果怀孕后发现他一边看成人片一边自慰，他的美好形象从此崩塌。她找我哭诉时，我问她："你丈夫是不是个有欲望的正常男性？"她点头。我说："如果他不用这种方式，你怀孕期间又拒绝同房，那你有什么别的方式让他解决？他找别人行不行？"她说："那当然不可以。""那他用工具行不行？""那也很恶心。"她始终也没有找到替代方式，最后说道："我希望在怀孕期间他要一直把持得住，憋不住也得憋。"我惊呆了，这太反人性了，在不影响忠贞的情况下，释放自己的欲望并不是问题啊。我继续追问："那你们有没有讨论过这个问题？"答案显而易见：没有！

有问题都不去谈论，日常人们对性的讨论就更少了。研究发现，很多人喜欢香草型性关系，这种性关系不用任何情趣用品，不允许性幻想，只能有几种体位。想想看，在漫长的夫妻生活里，用同一个姿势做同样一件事，旷日持久，还快不快乐？会不会厌倦？香草型性关系并非不好，问题是很多人把性看成是肮脏的，永远不能讨论的，任何一方有改变的需求都被看作是不合理的，甚至很多夫妻在一起生活了很久，都不知道到底怎样才最容易诱发性高潮——很多女性永远在表演高潮。时间长了，表演也会累，只好降低频率，一年一次好了。

我经常鼓励很多夫妻，生活里偶尔是需要表演的，但在性这件事上我不鼓励表演，因为你不能演一辈子。我们可以打开对性的想象力，经常聊聊彼此的感受，有些小的创新，找到互相都喜欢的方式，这样性才能促进爱。而在这一过程中，**让性变得可言说，是改变的第一步。**

要点回顾

性不是简单的性器官的接触，性是丰富的，有解压的功能，有深度促进亲密关系的功能，它承载着丰富的意义。同样，人们对性爱有着非常复杂的需求和期望，我们在性爱里寻求爱、快乐、认可。从前我们认为性是不可言说的，但是今天，我们可以真实地面对自己的欲望，也可以真实地面对对方的欲望。欲望本身没什么可耻的。走出性误区，才能长久地、更好地享受性关系。

23

底线和琐事的二八原则：
长期关系里的冲突

前面我讲了很多在长期关系里主动经营感情的方法。但实际上，在漫长的人生里，无论我们做得多好，无论两个人多么天作之合，生活中依然会有各种各样的冲突出现。而且很多时候两个人的差异越大，反而就越有吸引力。冲突就是差异的一种集中体现。差异和冲突是没有办法消灭的，也没有必要消灭，这恰恰是一个多元社会的可爱之处。在亲密关系里，从初期关系走向长期关系也是从浅层关系走向深度关系的过程，而这一过程必然要经历一些冲突和事件，一帆风顺的感情虽然甜美，但羁绊是不够的。而情感的羁绊恰恰是关系能不断深入和延续的基础。

在爱情旧脚本里，人们认为冲突是消极的。中国人常说大事化小，小事化了，家丑不可外扬，最好不要起冲突，万一起了也不要声张，把问题遏制在摇篮里。其他任何一种文化里也都有类似的观念，比如美国心理学家巴里·温霍尔德和贾内·温霍尔德就发现，人们常常将冲突和战斗、妥协、失败、拒绝、羞辱等概念连在一起，看作浪漫爱情的对立面。

爱情新脚本则强调，差异是有价值的，我们可以从差异中学会怎样处理关系，延伸到冲突层面，冲突也有正面价值。**处理差异的能力是维护爱的核心能力，其中处理冲突的能力，更决定着一段爱情关系能否长久走下去。**如果一个人解决冲突的方式是速战速决，而另一个人是三思而后行，那么在长期关系中，冲突不仅导致关系问题，处理冲突的方式还会放大问题。

冲突的正面价值

面对冲突，我们首先要改变认知，冲突不全是负面的。冲突常常是几种不同解决方法的交汇，很可能是两个人一起寻找第三条路的动力机制，从这个意义上讲，冲突是一种建设性力量。另外，人在冲突时表达的感受往往更真实，因为它打破了双方本来的防御机制，呈现出人性真实的一面，无论你是否喜欢对方真实的一面，它都是了解对方的好机会。我先生从前不太会说"我爱你"，我对他说的时候，他就会说"嗯，知道了"，而不是"Me too"。可每次我们吵架时,他却会说:"我都这么爱你了,你还想要怎样?"所以有段时间我很喜欢激怒他,就是为了听他说爱我。很多人的情绪往往是在非常激烈的状况下才能表达出来。所以,冲突的另一个功能是增加爱意,让我们知道"原来你对我还是有爱的"。

温霍尔德提出过"神圣空间"的概念,更浪漫的说法是"触及灵魂的空间",也就是说,冲突使人脆弱的一面显露出来,要解决冲突,爱人会去提供情感支持,就像抚摸对方的灵魂。

所以你看,只要我们正视冲突,各自的那道防御他人的围墙便开始倒塌,我们才能经由冲突走向真正的合伙关系。共同经历的冲突越多,关系就会越亲密。所以你要做的第一步就是改变冲突完全是负面的认知,明白处理冲突是经营长期关系非常重要的阶段性任务。

请记得:拥抱是身体和身体的接触,而冲突是灵魂和灵魂的触碰。

当然,并非所有的冲突都具有正面价值,我们需要区分一下亲密关系中冲突的三种类型。

三种类型的冲突

第一种是底线冲突。还记得有关 Mr. Right 的论述吗?我说过,

Mr. Right 是你在关系里不断磨合出来的,你想进入一段关系,首先要排除 Mr. Wrong。我还让大家列了一张单子,写出你在感情中不能接受的点,最后保留三到五个绝对不能容忍的底线。在长期关系里,出现绝对不能容忍的事情就会发生底线冲突。

我在微博上有几个讨论亲密关系的群,其中有一位群友准备第二天去登记结婚,结果当天发现未婚夫的信用卡都刷爆了,于是她在群里向大家求助:"明天还要不要去登记?"大家在评论里都劝她等一等。我就问她:"经济安全对你来说是不是底线问题?"她说是的。我和群友都建议她调查清楚再结婚。结果她发现未婚夫不仅刷爆了信用卡,还做了很多担保,欠了很多债,最后这个婚当然没有结。因为她和未婚夫对经济底线有截然不同的理解。

所以当我们遇到底线问题时,爱人之间首先要寻求一致;当无法达到一致的时候,往往就得考虑我还要不要和这个人在一起。比如我是否要为了另一半搬迁到其他城市去,这类大的冲突往往都涉及对关系进行结构性的调整,也就是说,你需要考虑是继续还是分手。

第二种是重大问题冲突。人生常常面临很多重要的选择,这些选择并不一定是"我们"的事,很多时候只是我的事,但不同的选择会影响到对方,这就成为"我们"之间重要的事,在这些方面不能达成共识,就会出现重大问题冲突。比如,要不要辞职做全职太太,这对我来说是个重大问题,而且主要是我的问题,但也可能跟整个家庭有关,涉及未来家庭生活方式的改变。面对这类问题时，我们就需要用到协商原则。这种协商不是一半一半的对等协商，而是要在区分你、我、我们的边界问题之后，以承担责任的那一方为主，找到平衡双方利益的解决方案。

第三种是日常琐事冲突。这类冲突，涉及的是我们日常生活中的小事，比如看电影，你喜欢恐怖片，我喜欢爱情片，上次我陪你看恐怖片，这次你就不能陪我看爱情片吗？又如两个人都做饭，装油盐酱醋的罐子放左手边还是右手边？这些都很容易造成冲突。从前的离婚往往是由于家庭暴力、出轨、经济纠纷，而现在因为日常琐事而离婚的比例越来越高。对于这类冲突，我的处理方法是能宽容就尽量宽容，小事让一让，大事好决定，我们没办法把两个人变成一样，也无权要求对方必须改变，我们能做到的是，改变对差异的看法，找到不同的解决方案，让双方的利益尽可能达到平衡。

如何有效解决冲突

下面我来讲讲，面对不同的冲突，我们应该怎么解决。

第一，"二八理论"原则：放掉 80% 的小问题，着力解决 20% 的重要问题。"二八理论"是经管领域的理论，说的是在商业世界中常常是 20% 的客户创造了 80% 的价值或利润，所以服务好那 20% 的人很重要。这个理论在亲密关系里也一样适用。具体来说，就是用 80% 的时间来对我们爱的人表达欣赏和肯定，只在 20% 的时间里指出问题和解决问题，因为"不"的力量来自"是"。如果你在感情中总是说"不"，那当你对重要的事情说"不"时，别人是听不到的。举个例子，有些妈妈整天不断地批评孩子"你衣服不好好穿""你饭不好好吃""你书包又没整理好"……终于，当你有一天提醒孩子注意"不能拿烫水，会烫伤的"，可能也会被当作不重要的信息忽略掉。

所以要让你的"不"被听到，首先要学会把那些没有重要价值的、说了也没用的"不"都去掉。一对夫妻刚刚在一起的时候，常会有一种多米诺骨牌的逻辑，认为如果第一次做了让步，后面就会一直让步，所以第一次就不能让步，让步就没有话语权，结果两个人每时每刻都是一种竞争关系，不断抱怨"我的不，你没有听到"。实际上，这就是个零和游戏的逻辑，只有跳出来，才会有改变。

同时，如果这件事情真的很重要，你在说"不"的时候就要坚定不移。犹犹豫豫的表达是不明确的，或许多年以后你们吵架，旧事重提，对方会说："你当时又没有提出严正的抗议，我以为你觉得是可以的。"所以在处理冲突时，大事要懂坚持，小事要多担待。

第二，表达自己的真实想法。很多夫妻明明很相爱，却因为不能很好地表达各自真实的想法，认为对方不够了解自己，根本不知道自己想要什么，最终遗憾离婚。很多人误以为，既然你爱我，哪怕我什么都不说，你也应该知道我要什么。可你要知道，越是含混的表达越不容易理解，你的想法和需求是什么，对方怎样做你才满意，不表达清楚，对方怎么能知道呢？比如，你第一次到男朋友家，他让你洗碗，你虽然洗了，但其实根本不想洗，觉得很委屈，心情很不爽，然后开始不断抱怨，可实际上你的男朋友并不知道你不喜欢洗碗。你需要真实地表达，对他说自己真的不喜欢洗碗，也不太会洗碗，不过你也没有什么别的事可做，那就试着洗一洗吧。或者表达愿意做别的家务，但就是不喜欢洗碗。找到一个替代的解决方案，把自己的想法表达出来可以减少很多误解。

尤其是女性，需要更清晰地告诉对方我需要你怎么做，你怎么做、怎么说，我会更容易接受。没有人天生是好丈夫或好妻子，都是在生活中逐渐成长起来的，所以清楚地告诉对方你爱我最好的方式是什么，不要互相猜猜猜，更有助于长期关系的处理，减少冲突。

第三，倾听原则。很多人都希望能做到有效沟通，但是他们把沟通简单理解为说服对方接受自己的意见。沟通非常重要，但如果抱着说服或改变对方的目的，让对方接受自己的意见，这种沟通注定会失败。有效沟通的第一步，是先学会倾听，听取对方的想法，找到大家一致认同的方向再往前走。

在倾听的过程中，还需要注意的是，解决冲突要以目标为导向，而非以问题为导向，不要揪着对方的错不放，而要一起讨论，想完成什么样的目标，怎么做对双方更好。

掌握好这三个原则后，我们还可以参考《非暴力沟通》这本书里提到的四个实操步骤来更具体地改善沟通。

第一步，清楚地表达事实，而不是做价值判断。前面谈到价值判断对沟通的影响，所以当我们放下价值判断，回归事实的时候，更容易沟通。比如：你的丈夫深夜 12 点回家，这是事实；指责他不爱家人、不想回家，就是价值判断。

第二步，在说清事实之后，再表达你的感受，是受伤、害怕，还是开心。比如你的丈夫很晚回家，你特别担心，不知道他在外面遇到了什么状况，你一个人在家很害怕。总而言之，你要告诉对方自己的感受，而不是一味指责对方不顾家。

第三步，告诉对方为什么你会有这样的感受，或者询问对方，他的各种感受的缘由是什么。他晚归的原因虽然可能有借口成分，但依然值得听取，因为即使是借口，那也是他感受的一部分。

第四步，提出需求。你希望对方怎么做更好，或者询问对方希望你怎么做。不要揪着错误不放，通过倾听、沟通，找到协商的方式。

总结一下，非暴力沟通，其实就是先倾听，处理情绪，再处理问题。但是在运用非暴力沟通的时候，请记得还有重要的前提就是：如果我们要解决问题，那就必须在事实的基础上来讨论，而不能任由情绪发酵。

情绪是一个表征体系，很多吵架吵到最后都变成了态度问题。你对我的态度不好，为什么对我这么凶？吵架围绕情绪本身是不能解决问题的，情绪也没有好坏。我们接受彼此的情绪后，要追问：情绪背后的问题到底是什么？如果真的想要解决问题，就要回到事实本身，理清事实常常是解决问题的第一步。

我曾做过一个统计，记录了一个月内我先生的回家时间，然后我给他写了一封信：你一个月里有 20 多天回来很晚，我跟你在一起的时间比较少，这让我有怎样的焦虑，我觉得我们沟通的时间特别少，你跟秘书在一起的时间都远远比跟我的多，我会有什么样的恐慌。这个事实要比单纯地抱怨对方晚归不爱家更有说服力。

当然，处理冲突的能力不是马上就能提高的，它需要不断实践、反思和调整。处理冲突能力的提高其实不仅仅对亲密关系有利，对其他的人际关系同样有利。所以，当我们学会在长期关系中处理好差异和冲突的时候，我们就在亲密关系中成长起来了。

要点回顾

这一节我讲了冲突的不同类型及解决方法,提供了一个整体性的解决冲突的思维体系,如果你有这个意识,朝正确的方向走,问题就会越来越少。能否更好地解决冲突决定了我们的关系是否长久。如果你每次都只会指责对方,很容易让矛盾越来越激化。但如果学会非暴力沟通,了解双方的情感需求,那每一次冲突,都可能变成触及灵魂的"神圣空间"。

24

婚姻里的代际关系：
从两个人到两个家庭

恋爱是两个人的事，可结婚却是两个家庭的事。过年的时候回谁家，父母病了怎么来照顾，孩子的养育谁能来帮忙，等等，这些问题都牵涉双方的家庭，处理起来更复杂。

长期关系中涉及两个家庭的事情，之所以更复杂，主要有三点原因。

首先，结婚后变成了三个家庭共存。男方家庭、女方家庭和夫妻两个人新建的小家庭。过去的家庭是父系家庭，女性嫁到男方家，生个孩子跟男方姓，对女性很不公平，但家庭结构是非常统一的，只有一个家庭，"我们"是谁和谁很清楚。

现在情况不同了，我的博士论文《谁在你家》讲的就是一种新家庭模式——"个体家庭"：每个人以自己为中心建构了家庭的概念。因此，夫妻两个人对"家"的定义很可能不同。谁是我的家里人？这个家谁说了算？谁是你最亲的人？夫妻双方的回答可能都不一样，在遇到一些具体的问题时就很容易起冲突，涉及老人和孩子的问题就更麻烦了。这时候，夫妻双方的"我们"可能定义都是不同的。

其次，因为代际的认知差异巨大，导致家庭成员间的角色更复杂。爱情新旧脚本对角色的想象不同，在爱情新脚本里女性角色的改变要比男性更大，但我们对角色的部分期望又难免与旧脚本重合，这就产生了心理上的落差。放到代际关系中考量，角色就更复杂了。恋爱时，我们只是男女朋友。结婚后，除了丈夫、妻子的角色，我们又多了女婿、儿媳妇等角色，这些角色混在一起，差异自然扩大了。

而且，我们之间的差异不仅仅是个人背景的差异，还有时代的差异。过去为什么要强调门当户对？很简单，门当户对能解决角色与个体的匹配程度。如果两个人出生在差不多的家庭，他们的三观、生活方式、对角色的理解乃至一些行为都会比较相似，反之差异会特别大。但今天情况大不相同了，我们更看重一段关系中的亲密性和沟通性，虽然也会比较家庭出身，但更重视两个人之间的学历、三观、生活理念等方面的匹配，而不是两个原生家庭的一致，可以想象，代际的问题自然大得多。

最后，两个家庭的利益立场常常是不同的。我们都想爱屋及乌，可这真的很难。虽然我很爱这个男人，但一纸婚书并不能让我马上爱上他的家人。有爱的时候，我们愿意去包容对方，为对方改变；在没有爱的情况下，要去互相包容其实没有那么容易。所以，很多人不是遇到了"恶婆婆""渣男"，很可能就是因为立场不同、文化差异而造成了问题。

代际差异的普遍性提醒我们不要简单地用"恶婆婆""懒公公""坏媳妇""妈宝男"这样的标签去讨论是非对错，现实情况是复杂而多样的，所以不要预设他人的恶意，而要回到差异和事实本身去解决问题。

如何解决好更多家庭成员间的冲突

那么，从两个人到两个家庭，代际的冲突该怎么解决呢？我也简单提供一些解决方案，当然，每个家庭要根据自己的情况，创造适合自己的解决方案。

第一点：建立物理空间的边界。我在《谁在你家》这本书里总结了上海人的"一碗汤，两扇门"[1]的居住智慧，但很多家庭受限于经济条件，只能住在一套房子里。三代人共居的情况下，也要尽可能保留各自独立的空间。我认识一个很聪明的姑娘，住在男

---

[1] 两代人居住比较近，一碗汤送过去不会凉掉。形容既能互相照顾，又有各自独立空间的代际居住模式。

方家里，客厅是白色墙壁，棕色家具，一看就是五六十岁老人的审美，而她的房间却是粉色墙壁，白色家具，是她自己出钱重新装修的。她说：即使跟婆婆公公对生活的理解不同，我也会觉得这个家里有我独立的空间。我认为这是个非常好的解决方案。

第二点：用发展的眼光看代际关系。伴侣之间的关系是从抱紧我、放下我到别管我。代际关系正好相反，我们跟公公婆婆的关系，一开始是别管我，慢慢拉近距离后，可能要经过很长一段时间才发现大家是一个亲密的整体。这是一个磨合的过程，大家要互相找到舒服的状态。有的人不喜欢自己的公公婆婆，可这个世界上能像亲生父母那样爱我们的长辈，除了公婆以外，也很少会有其他人了。虽然这个历程很漫长，有时也不见得能实现，但我们还是要相信有这种可能。

以我自己举例，一开始我不太理解我公婆，相处了这么多年后，现在我认为他们是我很亲的家人，他们对我的爱真的很棒。我是独生女，没有兄弟姐妹，而我先生的兄弟姐妹们感情特别好。一开始我也不理解他们之间的感情，可现在我认为，他的哥哥就是我的哥哥，他的姐姐就是我的姐姐，真的就是我的家人。这些都是由时间建构而成的。"时间"是一个特别美丽的词，在磨合的过程中，很多的爱因此而发生。关于这一点，我在《谁在你家》这本书里提供了好几个个案来说明。

第三点：用处理性别差异的经验处理代际差异。我们在前面章节讨论了两性关系中的差异问题，并提出重新理解和处理差异是经营亲密关系的核心能力,这种能力同样可以用到代际关系的处理中。

比如,"勤俭节约"这个概念,年青一代的我们注重消费,就不会特别节约,而老一辈特别提倡节约。我婆婆到我家里,常跟在我屁股后面,我走到哪里都要把灯打开,离开时不关灯,她就跟上把灯关掉。一开始我很不适应,可慢慢我发现,这也不影响我,还能节约电费,没什么不好。老一辈很有牺牲精神,这种付出感有时会成为一种压力。但回过头来讲,正因为有老人这样的付出,今天中国女性的就业率才能那么高,我们才能安心出来工作。没有老人的帮忙,我们很多时候都没有办法真正独立。我专门写过一篇文章叫《后父权制时代》,今天女性所获得的权利,并不是来自男性的让渡,而是来自老人权利的变化,老人为子女服务是年轻男女能安心工作的重要支持体系。

我们没有权利要求对方一定要喜欢我的父母,但在一开始,至少可以做到相互尊重。在具体操作时请记得我们在处理差异时学到的好方法,比如权利、责任、利益一致原则,在代际关系里也特别好用。把权利交给老人的同时,也让他享受这个好处。同样,我们在和老人发生冲突时,不是说他怎么可以这样,而是要去想"他为什么这样"。

结婚前就要考虑清楚的事儿

这本书的读者应该多数都是未婚的,很多人不想进入婚姻就是觉得结婚太麻烦了,因为不得不处理两个家庭的事情。但实际上,想要有收获,你总是需要付出的,不论是事业还是爱情。如果在结婚前,想清楚以下四个问题,可能结婚就没那么可怕了。

第一个问题,父母的意见到底要不要听?

我提供四个标准,供你思考。

首先,我们不同意父母的意见是因为我们不喜欢父母对我们的干涉,还是意见或建议本身有问题?比如我的一个朋友,本来已经准备结婚,但父母总是不断催,结果催一次,她就往后拖一点,她不是不愿意结,只是不愿意被催,因为她觉得自己的人生不能被父母控制。用自己的人生作为反抗他人的武器不是一件理性的事,最后常常是两败俱伤。所以,第一步要确认自己真正的想法。

其次,未来你的生活是否需要父母的帮助或依赖父母生活?如果你买房子的钱是老人出的,你要拒绝他住进来就比较难;如果你的工作是你父母帮忙搞定的,你就要接受他们对你职业规划的影响;如果你将来生孩子也需要父母来帮忙的话,找什么样的配偶就和他们紧密相关了。你越依赖他们,他们的意见你就越不得不听取,这就是权利、责任、利益一致的原则。同样,如果配偶的父母提供了这些帮助,那也就意味着拒绝配偶父母对你人生的干涉会更艰难。"实力才是自由",只有经济和能力独立,才有资格拒绝父母对你人生的干涉。

再次,评估父母的决策能力。有的父母决策能力很强,能提供很好的经验,那就可以更多地信任;但有的时候父母跟我们身处不同的环境,经验没办法用到我们身上,你也可以拒绝。最终决定你的人生的,肯定是你自己。所以,面对父母的具体决策也要多维度地分析。

最后,父母和我们的立场不同,也会给我们提供看待事物的不同维度。父母常常站在长远的立场去思考问题,而年轻人更注重当下,父母和年青一代之间的协商实际上也是未来和当下利益的妥协。所以,和父母协商的过程往往也是我们理清问题的重要步骤。

不要害怕与父母产生矛盾和冲突,往往经历这些以后,我们找到的方案才会是更好的方案。父母可能是干涉者,也可能是支持者。

第二个问题,婆媳矛盾或翁婿问题如何解决?

我们总觉得解决婆媳矛盾的核心是男人,这里我要郑重告诉你,这个逻辑是错的。

很多女性喜欢问老公或男朋友一个问题:我和你妈掉到水里,你救谁?这个问题对亲密关系没有好处,只有坏处。如果男性说救妈,你是不是很伤心?觉得这个人一点都不把自己放在心上。但如果他说救你，你想想看，连妈都不要的男人会真心爱你吗？每一个儿子都爱妈妈，这个问题把我们放在他爱的人的对立面，让他做决策，是件非常残酷的事。真正聪明的男女要做的事情，是跟所爱的人站在同一阵线上，争取更多的支持。

另外，我要强调，为什么发生婆媳矛盾时，我们总是期待男性来解决问题呢？我们一方面强调女性要独立自主，另一方面又觉得直截了当说"不"，不吻合儿媳妇这个角色的设定，所以我们会把怨气发在旁边的丈夫身上，认为他应该来帮忙解决问题，这其实还是困于过去的角色关系里。可丈夫不可能时时刻刻在身边，更何况在"你—我—我们"这个关系里，我和婆婆的关系，是我的事情，我自己才是第一负责人。作为独立女性，应该扛起解决问题的重任，我们自己可以直截了当地说出需求，指出哪里不对不好。说"不"并不可怕，也不丢人，独立女性的自由就是有说"是"的权利，也有说"不"的权利。女性在处理代际关系的时候，把解决问题的主动权掌握在自己手上，才是最重要的。

学会游泳比让丈夫在我们落水的时候救我们，是一个更靠谱的解决方案。所谓大女主的剧本，不是有问题的时候等待男人来救，而是我自己就有能力去解决。

现在出现越来越多的翁婿问题，背后的逻辑和解决思路其实与婆媳问题都是一致的。

要点回顾

请记住,无论你的爱情里挤进了多少人,是爸爸妈妈还是公公婆婆,我们永远是自己剧本的主角。女性应该打造的是大女主剧本,不是说我要很强势,什么都听我的,而是我的精神要独立,把决策权握在自己手上,承担应该承担的责任,享有应该享有的权利。越有实力的人才越有自由,我们要让自己变得更有实力,有能力去处理关系中的问题,这对于关系的改善才是更有效的。

家庭矛盾非常复杂,在爱情的讨论中,我们涉及不多,无法详尽列出各种问题,但是如果我们应用好处理差异的思维,就能更好地处理家庭中的各种矛盾。

25

亲密关系的集合：
两性关系之外的亲密关系

从两个人的关系变成两个家庭的关系，已经很复杂了，而在长期的亲密关系中，还将挤进来更多的人，比如兄弟姐妹、朋友、工作伙伴，甚至前任，这些人都可能影响两个人的亲密关系。有时候这种影响是积极的，是我们的支持体系；而有时这种影响是负面的，会成为我们产生矛盾的原因。

这一节我就来讲讲，在这些关系中，常见的误区有哪些，怎么能更好地处理不同的亲密关系，如何让其他人成为我们长期亲密关系的支持体系而不是矛盾的源头。

亲密关系和两性关系的冲突

过去,在家庭内部,家庭的主要关系是亲子关系而非夫妻关系,而夫妻关系又从来不是平等的,男性对女性有很高的话语权。在家庭外部,过去常说"兄弟如手足,女人如衣服",这表明在很长一段时间内,兄弟情是重于爱情的。今天很多大家耳熟能详的、被认为是形容爱情的诗词,其实在过去都是用来形容其他关系的,比如"执子之手,与子偕老",最初是描写战友之情的。

从什么时候开始爱情变得更重要了呢?这要从五四运动开始说起。裴多菲的诗——"生命诚可贵,爱情价更高,若为自由故,两者皆可抛","生命""爱情""自由"这三个词语是同步出现的。五四运动之后,人们要追求自由,首先强调的就是追求恋爱自由,冲破家庭的樊篱,冲破阶层的隔离,追求自我个性的张扬和解放,这让爱情上升到了具有解放意义的高度。于是,爱情慢慢成为等同于亲情的最重要的亲密关系。爱情有别于其他关系,独特地呈现了出来。它的好处是,我们终于开始正视两性关系,意识到爱情本身的重要。而它的问题在于,现在我们把爱情看作除亲情外唯一的亲密关系,有时还会将其他关系与爱情对立起来,甚至在某些情况下,连亲情也会跟爱情对立。

那么爱情和其他亲密关系的关系到底是怎样的?

首先我们不得不承认,在今天的亲密关系脚本里,爱情和其他关系的确存在一些冲突，主要表现在三个方面：第一，我们都在争夺同一个人的时间，时间投在这里，对那里的关注就少了；第二，我们都在争夺同一个人的精力；第三，我们每个人都有一个重要性排序，希望对方爱我，我成为他最重要的人，甚至是他的全部。

因为存在这些冲突，人们进而在处理这些冲突的时候常常形成一种误区：如果你爱我，那我就会成为你的全世界，我就是你最重要的人，至少在所有异性的范围内都应该是这样的。

在爱情刚刚开始的阶段，的确会出现这种状况，我的眼睛里全是你，我想的都是你，可在长期的爱情关系里，这是很难持续的。好的爱情会让我们更热爱世界，更热爱身边的人，对生活更有激情。**所以当我们的关系一旦稳定下来时，我们对爱情关系越信任，就越容易把精力放到其他地方去**。人生不只有爱情，还有工作伙伴，还有更多人需要交往。当我们给爱情分配的时间、精力和其他人、其他事发生冲撞时，我们不应以人来判断，而要以事来判断，以每件事情的重要、紧急程度来排序处理。我们的很多冲突，正是源于对事情本身的认知不同。

举个例子，很多男孩子特别爱玩游戏，女朋友约男孩见面，结果他一直在打游戏，正打到精彩处，你却一直催他："你觉得是游戏重要还是我重要？说好了跟我一起玩，怎么就不能把游戏停掉？"对男生来讲，这件事就是不重要但很紧急的，因为如果这时候从游戏里退出来，游戏里的兄弟一定会把他骂死。他不愿意做这个决策。如果我们能理解这是一件紧急但不重要的事，可能就不会发生那么大的冲突。但如果我们把它理解成，你对我的爱没有给游戏的多，那冲突就大了。

其实，大部分时候男生更喜欢跟男生玩，女生也更喜欢跟女生玩。所以前面我强调了，长期关系里每天谈 30 分钟恋爱就可以了，会有其他关系等着你处理。我们不得不面对一个事实，无论我们多爱一个人，或是那个人多么爱你，我们都没有办法成为对方的全世界，甚至我们都不能成为他异性人群里的那个全世界。如果你没有意识到这一点，就很容易把另一半身边潜在的异性都看成自己爱情的对手，从而进入一个竞争关系。

关于这一点，我跟我儿子有一个很有意思的故事。我儿子今年 11 岁，很喜欢一个女孩。他发现另一个男生给这个女孩买了个很好看的游戏皮肤，所以就向我申请一笔钱，也要给她买一个。我问他："如果过两天有另外一个男生又买了另外一样东西给这个姑娘，那你也要去买吗？"他想了想说可能也要买。我问他："是不是你赢过了她身边所有的人，她就会来爱你？她喜欢你，是因为你比她身边人送给她的东西都要多？又或者她只是喜欢你这个人本身，那么你有没有独特的魅力能吸引她呢？"我儿子想了想，说："她喜欢我，是因为我是暖男，比较关心她，我们也比较聊得来。"这么一想，好像不一定要买东西了。他明白了在两性关系里，重要的是我和你的关系，而非我跟你身边其他异性的竞争。

少年很容易被说服，能想清楚爱的本质，反倒是成年人经常陷入无谓的竞争，消耗了爱的能量，把注意力放在不重要的人身上。

　　有些朋友已经认识到了爱情不是全部，但是他们会强调爱情一定是最重要的，每一个场合、每一种情况下，你都应该把我放在第一位。有个节目，主持人给出了不同关系的选项，母女、夫妻、表姐妹、搭档等，让嘉宾按重要顺序一个个划掉。这个环节在伦理上是很有问题的，它设计了一个特别残酷的场景，而这种残酷的选择在日常生活中几乎是不存在的，怎么可能要你选择把重要的人挨个儿抛弃呢？这个节目带来了非常错误的暗示，告诉我们爱是可以排序的，不同的亲人是有差别的，这真的很伤害人。在不同情况下，不同亲密关系的作用和权重是不同的，依然要区分是你的事，还是我的事，依然要区分权利、责任、利益。单纯的排序，常常就会让我们把爱情跟其他的亲密关系对立起来。

怎样平衡好亲密关系和两性关系

　　无论兄弟姐妹或者是朋友，亲密关系本身都是一个谱系，它跟爱情里的亲密关系很相似，不是说他爱我们身上的独特性，在别人身上都不能呈现，恰恰相反，亲密关系本身是具有普适性的，我去帮助别人，我去体谅别人，我在力所能及的情况下对别人好，这些是我们普通的交友过程中也需要的。**我们首先得承认这些关系和爱情的相似性。**

其次，你的爱人对其他亲密关系的态度，常常就是他在长期关系里对你的态度。我们特别不喜欢伴侣跟前任有联系，认为前任是竞争对手。但其实，他对前任的态度也反映了他对亲密关系的态度。如果你遇到一个人，谈起前任，说的都是前任的不好，那你要很小心，他跟你分手，也一定都是你的错。我跟我先生刚刚谈恋爱的时候，他谈起前任，觉得她什么都好，连最后分手都是因为异地恋，是他的原因。我很惊讶，既然前任这么完美，那我怎么办呢？可是时间长了以后我发现，其实不是这样的。他在亲密关系里遇到问题，首先会反省自己，比较愿意把责任揽在自己身上，而非推卸给别人。这是一个很大的优点。

最后，不同的亲密关系提供的支持不一样。比如逛街，我很喜欢跟朋友出去逛街，不喜欢跟我先生出去逛街，因为我只有跟朋友逛街，才能买到心仪的东西。这些亲密关系也很有价值，所以不要把它们放到爱情的对立面。

希望这三个理由能说服你更好地看待除爱情以外的亲密关系。

但我们也不能否认，两性关系的确有其独特性。爱情有一个特征，它有独占的欲望，我们的确会有吃醋等情绪出现，这很难避免。那我们如何更好地维护我们的关系呢？

这里我给大家一个解决方案，叫**"建立墙，打开窗"**。"建立墙"就是建立关系和关系之间的边界，而"打开窗"是创造坦诚沟通的方式。

建立墙的目的是明确在亲密关系里我们跟别人交往的边界。这堵墙建起来，我们在墙内才会有信任感，有自由度。所以这堵墙建远一点比较好，否则里面的人会很难受。

怎么建墙呢？没有唯一标准，需要双方来协商。具体可以从哪些方面协商，我给大家几点建议。

第一，明确协商双方可以接受的行为界限在哪里。比如"老公的副驾驶座能不能让别人坐"就是个界限问题。有一次，我先生下班带着他的女同事来接我，我们一起去参加一个活动。到了家门口，我发现这位女同事坐在副驾驶位子上，而且没有起身让我的意思。我就直接和这位女同事说："不好意思，这是我的专座，你坐后面吧。"这位女同事有点不好意思，马上起身换到后面。后来我老公笑话我有点小心眼。我就说："这对我来讲很重要，因为坐在副驾驶，我跟你聊天最方便。如果我坐后面，你旁边坐着另一个人，尤其是女性，我心里会不舒服。"之后，我们就达成了共识：只要我在，那副驾驶座就是我的，除非一些特殊情况，我愿意主动让座。但是，我并没有提出：就算我不在，你的副驾驶座也不能让别人坐。因为这样要求是不合理的，对方的自由空间太小了。所以，墙怎么建是双方协商出来的。

第二，可以和伴侣讨论我们和其他异性的身体距离，互相接受

的程度到底是什么。大部分人都能接受握手、拍肩膀，也能接受摸小孩子的头发。但对我来讲，你去摸异性的头发，虽然不涉及性，但我是不太接受的，我觉得这是暧昧的特征。我先生有句名言："我爱上别人是我的错，别人爱上我也是我的错。"他跟我讲，每一个人要有意识，不要去塑造暧昧关系，让别人对你有好感，这是非常麻烦的事。所以，守住身体的边界是非常重要的一堵墙。

第三，我们要注意有些话题是专属的。爱情跟其他亲密关系的重要区别在于专属性和独占性，它不是指兴趣之类的，比如我跟别人聊文学很开心，跟我先生就聊不起来，这个没有问题。而是说有一些秘密和感受是不是只能跟你讲，这个特别重要。如果有一天你突然意识到，好像很多话你只愿意和爱人以外的另一个人讲，那你就要警觉，你可能将要过线了。同样，我们也可以告诉对方，如果你的有些秘密，我不知道，别人知道，我会感到受伤，这也是建立墙的一部分。

第四，我们可以讨论在哪些场合，你是可以自由交往的，而哪些场合不行。比如，我跟我先生一致认为，跟别人一起在公共场合吃饭是没有问题的，但如果和异性两人一起去看电影，那就太过暧昧了。除非是非常特殊的情况，必须和一个异性一起看电影，一起进宾馆，那也要提前告知伴侣。明确场合可以区分工作、友谊、爱情的界限，既给予对方交往的自由，又保护了互相之间的信任。

有了墙，情侣之间的交往原则也就明确了。但是，你的生活不仅仅有爱情，还需要有其他的关系，这个时候就需要"打开窗"。

所谓"打开窗"，是说**我们可以互相认识对方的朋友，学着欣赏对方的朋友，互相加入对方的圈子，打开自己的社交面。**

这一点我觉得我先生做得特别好。我们还在恋爱的时候，有一次他在上海郊区培训，一定要我到他培训的地方去一天。从复旦大学到那里，我坐了两个小时的车，和他一起在食堂吃了晚饭，认识了他的一些朋友，晚上在女生寝室过了一晚，第二天就回来了。事后我很不解，培训一共就半个月，为啥一定要让我去一次呢？他跟我讲："我到了一个新环境，培训十几天，可能会有一些女性对我表示好感，但是又不是直接表白，我也无从拒绝，而我身边的朋友即使知道我有女朋友，但因为不认识你，所以他们常常会起哄，拉拢我和那个他们认识的姑娘。可一旦他们认识了你，你有了一个具体的形象，他们就不起哄了，我自己注意分寸就可以了。"我这才意识到，原来打开窗的同时还有助于建立墙啊！

当然，恋人的朋友不见得都是我们所喜欢的，但总有几个还不错，我们可以鼓励恋人多和我们欣赏的朋友在一起，建立一些共同的兴趣和话题。

学会建立墙、打开窗，我们就不会将爱情与其他关系对立起来，而是让其他关系来滋养亲密关系。我从来不认为进入爱情就是为了一棵树而放弃了整片森林。当我们跟一棵树形成连理枝的时候，整片森林都对我们有影响，我们要努力让森林变成我们共同的良性的生存环境。

要点回顾

今天，爱情被摆放在很重要的位置上，但它绝对不是唯一的亲密关系。由于我们每个人的时间、精力有限，很多人就会陷入给亲密关系排序的误区，甚至把伴侣身边的其他异性都看成竞争对手，这对我们长期的交往是不利的。但就算我们改变认知，理智看待除爱情以外的其他亲密关系，还是难免会有吃醋等情绪出现，所以"建立墙，打开窗"的方式，就能够帮助我们明确双方对其他关系接受的界限在哪里，并且从其他关系中受益。

Chapter 6

长期关系里的危机

爱情从浅层关系走向深层关系
必然要经历冲突，
而在亲密关系里，冲突是具有正面意义的。
如何处理危机除了依靠智慧，
也需要提前进行应对准备。

今天，经营长期关系是不容易的，人们不仅存在各种认知误区，需要处理各种冲突，还要面对很多危机。过去，日子慢，人们喜欢修理东西，而不是马上换新的。但在今天，生活节奏很快，有时一个问题还没解决，另一个问题又出现了，慢慢就累积成了危机。而人们对修理东西的耐性也变差了，遇到问题，首先想到的是换一个新的。对待物品是如此，对待人也是如此吗？

有句话说：幸福的婚姻是相似的，不幸的婚姻各有各的不幸。人们眼里的幸福婚姻是没有矛盾，没有大冲突的，总是很快乐，一旦出现冲突，婚姻就被视作出问题了。但是，我研究发现，并非如此，幸福的婚姻里也有各种问题，只是双方都有能力且有动力，主动并及时地解决问题，这才成就了一个幸福的婚姻。

爱情从浅层关系走向深层关系必然要经历冲突，而在亲密关系里，冲突是具有正面意义的。但是，**如果冲突解决得不好，或者一直没有解决，就很可能变成危机，从而导致亲密关系破裂。**

在长期关系中，如何处理危机除了依靠智慧，也需要提前进行应对准备。本章就长期关系中最常见的日久生倦、出轨、家暴和恐婚等危机，聊聊亲密关系的几种破裂逻辑。

26

日久生倦：
除了忍受和分手还有第三条路

我们通常理解的"危机"都是突然爆发式的，但我首先要讲的是温水煮青蛙式的危机。

这几年，我做了很多场关于家庭的讲座，每次我做关于亲子关系主题的讲座，参加的人就很多，而当我做关于夫妻关系主题的讲座时，来的人就很少，这让我觉得有些奇怪。因为在一个家庭里，夫妻关系是横轴，支撑起整个家庭的安全感和幸福感，夫妻关系更是亲子关系的重要基础，夫妻关系不好，亲子关系也会走形。所以，想让孩子健康成长，首先要经营和处理好夫妻关系。

那为什么关于夫妻关系的讲座大家没有兴趣呢？很多人都跟

我讲：我已经放弃我老婆/老公了，只要把孩子教育好就可以了；我们之间已经不存在爱情了，不过无所谓，只要孩子能好好成长就可以了。甚至很多夫妻很早就开始分房睡（分房理由多种多样，比如对方打呼噜，作息时间不一样，有一方要陪孩子睡觉，等等），性生活非常少，也没有亲密沟通，只是因为孩子、因为惯性等借口，才没有分手。

亲密关系中日久生倦的危机就像温水煮青蛙，两个人之间虽然矛盾频出，但彼此都没有找到好的解决方法，最后放弃沟通。直到有一天，其中一方发现爱情已经从"日久生倦"滑向"日久生厌"，因为实在无法再忍受对方而决定分开。然后，一方后悔地说：其实我们在一起就是错的，我们没有真正爱过，只是因为当初太年轻，以为彼此合适，或是家里催婚不得不结。又或者说：他/她变了，原来不是这样的，婚姻里的问题都是因为他/她，所以我没办法了。还有的夫妻认为，爱情本来就是这样的，时间长了不都会互相厌倦吗？

这些说法都是事后总结的原因，真实的情况常常是我们一开始不愿意直面或者觉得没有必要直面关系中的问题，等到量变引起了质变，想解决时早已无从下手。

那么当问题从冲突变成危机的时候，我们该怎么办呢？

关系出现问题，如何止损

我有一个女性朋友秦娟，40多岁，孩子读寄宿高中，离开了家。丈夫一直很忙碌，并且直言不讳地告诉她："我觉得你现在对我来说一点吸引力也没有了。"她突然发现，这个男人似乎已经不是她的丈夫，而是一个室友，这种状态其实已经持续了好多年，但她也没有发现丈夫出轨。过去她在孩子身上投入了大量的时间、精力和爱，没时间去思考这些。现在孩子鲜少在家，人生的重心不见了，回到二人世界的她这才发现，对丈夫来讲，她只要把孩子照顾好，把家庭打理好就够了，他们之间已经没有爱情，也没有尊重了。秦娟说，感觉自己就是个拿着抚恤金的活寡妇。

婚姻到了这一步，必然要做出改变了。

那怎么改呢？人们在这种状况下，通常会收到两种建议。

第一个建议是，考虑成本和收益来决定要不要分开。比如，考虑沉没成本，过去你已经付出了的代价；机会成本，假设继续这样过下去，那你可能会损失掉用这段时间去做另外一些事的机会；未来期望成本，离婚可能带来的好处和坏处。通过计算离婚的成本是什么，收益是什么，不离婚的成本又是什么，收益是什么，最终来决定自己的选择。

但这个建议的问题在于，成本是经济学中的概念，落实到婚姻中，已经付出的成本、未来要付出的成本，真能算清楚吗？实际上，真正能计算的成本只有经济账，离婚的话损失多少钱，不离婚又能拿到多少钱，而如果你考虑的是之后整个生活的改变，这个常规策略就不太有用。

第二个建议是，改变两性关系。你要打扮得更好看，要健身，要变美，重拾吸引力。或者俗话说"要想抓住男人的心，先要抓住他的胃"。总之，要做出改变让对方更好地来爱你。

这个建议也是有问题的，这其实是把主动权交给了对方。因为我们做出改变的前提是，对方得接受我们的改变。如果对方不接受或不在乎这种改变，那么你进一步的付出也没有用。我变美、变温柔了，我的饭菜做得更好了，他就一定更爱我吗？答案是不确定的。

大部分的中国女性，在两性关系中都有强烈的奉献牺牲的精神，总会优先考虑对方的需求，而我特别想告诉大家：处理深层关系的核心原则是把主动权握在自己手上。当你想要做出改变的时候，立足点不是对方会不会更爱你，而是你自己的生活能不能因此变得更好。这样一来，再遇到温水煮青蛙式的问题，你首先要考虑的不是继续在一起还是分手，怎么去改善两个人的关系，而是问自己：愿不愿意为自己做些改变？有没有能力改变？怎么改变我会更舒服？这才是最重要的。

在这种思路下，你很可能会找到第三条路：**给自己一个缓冲期，先关注自我成长**。等你自己成长起来的时候，即便最后还是要分手，你的筹码和过去也是不一样的。

我对秦娟说："你首先要考虑的不是配偶，而是问问自己想要过什么样的生活，想要什么样的亲密关系，改变的可能性有多大，哪些是必须通过丈夫才能获得的。"

秦娟说："我渴望有亲密的关系，但也没觉得性关系很重要，只是希望有个谈得来的朋友。除了能有朋友之外，我也希望能够找到新的爱好。"

谈得来的朋友并不一定是丈夫，前面讲过亲密关系是个谱系，姐妹情、兄弟情都可以是很好的亲密关系。而新的爱好更是可以和丈夫无关。所以，我给的建议是她要先打开社交圈，她已经把自己封闭在家庭里很久了，朋友都没了，必须先迈出第一步。然后，再去尝试生活的各种可能性，找到自己的爱好。这两步都做到了，再去追问自己：婚姻对我来说意味着什么？我理想中的婚姻关系是什么样的？

在这三步中，往往第一步最难，有两种路径。第一种路径是走最重要的那一步。比如，我现在就觉得比较孤独，得有一个能沟通的朋友，加入一个圈子让我有点事做，虽然这很难，但这是我目前最需要的，那就要尝试去做。第二种路径是从最容易的事开始。比如，以前特别喜欢看剧，但已经好多年不看了，况且这不需要什么成本，那就完全可以重新拾起曾经的爱好，让自己更快乐一点。我甚至鼓动很多 40 多岁的妇女去追星，这里面也有很多乐趣可言，而且也不影响别人的利益，当然不要追星走极端。慢慢地，当你有所改变、不断成长起来的时候，你可能会惊奇地发现，你和另一半的关系，原本不指望它有所变化，现在竟然也改变了。

这个模式可能有些抽象，但直抵核心。因为我们所有改变的出发点和最终目标都是自我成长，这也是一种权利、责任、利益一致的结果。如果你的改变是为了得到对方的认可，那一旦对方没有认可，你就会很痛苦。所以，我们要把处理关系的主动权握在自己手上，把目标的主语从"他"变成"我"。

有了新的选择，要离开旧的感情吗

日久生倦的情况是你有了新的选择，怎么办？

温静是通过朋友找到我的。她长相比较普通，学历也比较普通，当年男友主动追求，她觉得对方条件不错就同居了。久而久之，两个人早已默契不在，各自对对方心存不满。这份感情如同鸡肋，食之无味，弃之可惜。可无论好坏，这份感情对她而言已经变得习以为常，没有改变的勇气了，这也是很多人在长期关系里容易陷入的状态。偏偏这时，温静遇到了一个男生，小她好几岁，学历不高，却特别谈得来，两个人在一起时她会突然间充满激情，生活也变得很有乐趣。过去，她没什么选择权，在感情中总是处于被动。现在，选择权回到她手中，她有机会开始一段新的生活。而另一边，男朋友好像意识到她最近有点不对头，之前一直不愿意结婚，有一天突然向她求婚了，而这个婚求得非常潦草，直接就把戒指套在温静手上说："和你结婚，现在应该满意了吧。"

面对这种情况，她开始犹豫不决，下面一步该怎么办呢？

我们来分析一下温静的处境。首先，我觉得她是很负责任的，没有因为对原来的男友 A 心存不满，就马上和新结交的男生 B 建立恋爱关系。显然，A 和 B 各有优势：A 给了她安全感，这是成人在社会打拼的必需品，可如果继续跟他在一起，生活就如死水一般；而 B 带给她的是心动，让她感受到自己还鲜活地活着，这是一种奢侈品，而她同时也害怕时间久了，她和 B 的关系会不会也变成和 A 的一样呢？

我给她的建议是先等一等。如果你选了 B，他之后也可能会变成 A，但如果选择了 A，总有一天你可能会碰到 C，那你还是有出轨的可能。因为在比较这两段感情的时候，她唯独没有考虑到自己是可以成长的。为什么在 A 面前很被动？因为她没有成长起来。为什么担心跟 B 不能长久？也是因为她对自己的魅力没有信心。

我跟她说："你首先要改变自己，如果选择跟 B 在一起，他的经济条件不好，你有没有足够的能力改善生活？或者改变自己后，让自己和 A 的关系变得更好，扭转两人之间'温水煮青蛙'的危机？"所以，重要的是把主动权重新拿回到自己手上，先考虑自我的发展。当自己的经济条件或其他条件足以让自己的生活变得更好时，最终无论选择谁，她都可以过好的生活，最终受益的都是自己。

温静很坚定地选择让自己的人生不受限于经济，再去改变在关系里不自信的状态，让自己更享受爱情，更值得被爱。

很多人觉得和出轨、家暴相比，日久生倦不会有太大的伤害。这其实是错误的。比如，秦娟的丈夫一直忽视她，温静的男朋友不把她当回事，随便把求婚戒指套在她手上，类似的情况都会对我们造成伤害。大卫·里秋在《亲密关系的重建》里强调，我们身为人的权利是任何关系都夺不走的。任何人都可以恨我们，但没有人可以伤害我们，包括我们身边的人。

那防止伤害的具体步骤有哪些呢？首先，要告诉对方我现在很痛苦，说出我的忍受限度，借此表明立场，如果你总是这么伤害我，我很可能会采取什么样的行动。其次，敞开心扉，如果对方愿意为此调整，关系还有可能继续下去。最后，如果对方拒绝冷静，拒绝回应，甚至出轨、施暴，你可以直接暂停关系或分手，这是我们的权利。

这三个步骤同时也可以促进亲密关系，因为在经营关系中非常重要的一点就是可以向对方表达自己的情绪和痛苦。我不是关系里的受害者，而是以主体者的姿态告诉你我目前的状况、决策是什么，我依然有主动权。

勇敢一点，直面冲突，反而是受伤最少的一种方式。

分手，一定要体面

如果我们已经做了很多努力，依然认为现在这段关系在制约自己的成长，让自己不快乐，那我们就要考虑放手，不要强求。

如何做到体面地分手呢？你需要注意一些基本礼仪。

如果是你主动提出分手的，你要做到以下四点。第一，要当面告知。不要打个电话，发条微信，从此就把对方拉黑了，至少要给对方申诉和倾吐的权利，这是你对这份关系的责任所在。第二，既然是你主动提出的，那无论孰是孰非，你都要承担一定的责任，真诚地分析关系的困境在哪里，致使你做出了这样的选择。第三，你可能还要主动去处理其他错综复杂的关系，比如向双方的父母、朋友说明情况。第四，你要允许对方纠缠，因为是你提出分手的，对方肯定无法立马接受，那你可以设定底线和时间，告诉对方，可以找你倾诉，但也可以和对方约定好，过了某个时间，就不会再做出回应了。

那如果我们是被分手的一方，应该怎样做到体面呢？

第一步要做的，是避免道德判断。不要说提分手的人都是人渣，得回到事实本身，看看两个人的问题到底出在哪里，这对我们来说也是很大的帮助，以便我们以后进入新的感情时，及时调整自我。

第二步很重要的，是重建自我。今天的爱情强调对自我价值独特性的肯定。被分手后常常会产生自我价值被贬低的感受，尤其当对方出轨，你被抛下时，伤害会特别大。我们要跳出这种误区，因为分手并不意味着自己不好，它常常只意味着两个人不合适而已。甚至有些人谈恋爱很合适，但结婚就不一定了。

我年轻的时候看《东京爱情故事》，觉得完治最终没有选择莉香，而是和里美在一起好遗憾哦，明明莉香比里美更可爱。可是我现在回过头来看，才意识到，对莉香和完治来说，这可能是好事，因为完治不是一个很自信的男人，他更希望找的是传统的、容易被控制的伴侣。而莉香要在长期关系里适应完治的自卑感，也一定会很痛苦，她要么得放弃自我，要么不得不改变完治，但改变别人是非常艰难的。所以，这个结局对他们来说都是最好的选择。

不要在分手后陷入比较，觉得自己没有谁谁谁好，分手只能说明你们在目前阶段不合适而已。走出来后你可能会发现，其实你值得遇到更有大局观、更独立、更有现代精神的男性或女性。

当然，我们要允许自己伤心，每个人在分手后都会经历这个阶段，很可能要持续数月。失恋让我们学会珍惜感情，甚至有时候能带给人灵感和动力，"化悲痛为力量"。如果你实在放不下这段感情，也要给自己设置个限度，比如再给对方打多少个电话之后，就不能再纠缠不放了。

爱情的旧脚本把分手看作爱情的失败，把婚姻的解体看作人生的失败，而爱情的新脚本把成长和幸福看作目标，所以结婚是为了幸福，有时候，离婚也是为了幸福。爱情的新脚本新就新在改变了对爱情目标的设定，所以分手并没有那么可怕。

我经常说，好的婚姻是两个人都有离婚的勇气，也就是说，我们不怕分手。但是，在分手之前，我们还可以做很多修补的努力，这也是幸福的努力。我们需要直面问题，把解决问题的主动权掌握在自己的手上。我们为爱努力的目标是让我们自己成长起来，让自己更幸福。

要点回顾

长期关系里，最常见的危机就是日久生倦。不要等到量变引起了质变，想解决时却无从下手，我们要学会主动出击，及时做出改变。在这个过程中，无论你是考虑止损还是重建亲密关系，最核心的关键是先关注自己的成长。可以扩大自己的圈子，也可以找寻新的爱好和事业，当你从自身开始做出改变时，关系也会随之发生改变。而当你在长期关系里，出现了额外的新的选择时，你能给自己最好的答案是先等一等，不要急着做出抉择，先建立自信，把主动权拿回到自己手上，把解决问题的重点放在"我"的成长上，才是最重要的。

当你做了很多努力后，依然感到这段关系对自我的桎梏，那你也可以体面地分手。分手并不意味着你的价值被否定或被贬低，它只能说明两个人在新的阶段不相匹配了而已。所以，请把每一次分手看作成长的机会。

27

跳出家暴：别把控制当成爱

这一节，我来讲讲在长期关系里特别重要的一个话题——家庭暴力。

很多人会觉得家庭暴力离自己很远，与自己无关。但实际上，据"全国妇联"统计数据显示，今天中国依然有30%的家庭存在家庭暴力。

当然，和过去相比，家暴的情形还是大幅减少了的。

第一，从前的家暴比例更高，这几年程度、烈度都在下降。

第二，社会评判不一样了，从前有很多人认为老婆不听话，打一顿就老实了。而今天，这种观念已经完全不被认可，大部分人已经认识到家庭暴力是不可接受的。

第三，法律有了很大进步，随着《反家庭暴力法》的出台，对

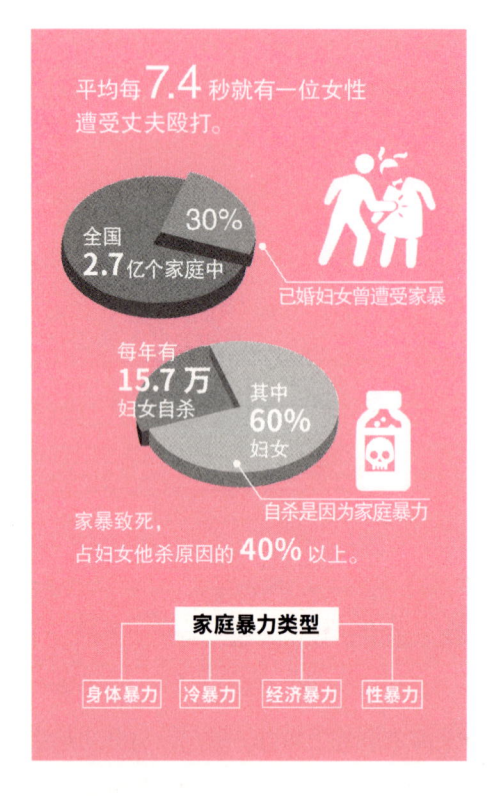

2018年全国妇联对妇女遭受家暴情况的统计数据

受暴群体的保护越来越到位了。

但即便在进步的道路上，我们也不得不承认，家暴的总体情况依然严峻。我们以前惯性地认为遭受家暴的常常是农村弱势妇女，可实际情况并非如此，中产阶级甚至是独立女性也时常会遭受这种暴力。

2019年年末，仿妆博主宇芽在自己的平台上放出了一段视频，她倒在电梯里，一个身材魁梧的男性粗暴地将她往外拖拽，任凭她腿脚怎么乱踹，最后还是被拉到电梯监控探头之外，让人既揪心又气愤。后来接受采访时她说到，最严重的一次，她被举起来硬生生摔到了地上，整个下半身都没了知觉。她的收入非常高，在网上也很有人气，可如此独立自主的女性，在当今社会里依然遭遇到了来自伴侣的暴力。

更让人吃惊的是，施暴者也是一个文化工作者，学历不低，最让人生气的是，这个施暴者竟然没有悔改之心，他的前任女友、前任太太都爆出他一直有这样的恶习，而网上竟然还有人支持他。整个暴力事件涉及的不仅是两个人，还涉及整个社会对暴力的态度。

家暴现象广泛存在于全世界。要解决家庭暴力的问题，**首先要建立这样一种社会理念：对暴力零容忍**。也就是说，无论出现什么状况，除非自卫反击，否则暴力都不是一种能被接受的解决问题的方式。暴力并不因为处于亲密关系中就改变了暴力的性质。

家庭暴力的实质就是控制

在学术研究中，家庭暴力常常分为三种形式。

第一种，**身体暴力**，直接用武力打倒对方或在性问题上出现强迫行为；第二种，**经济暴力**，在经济上全盘克扣和控制，使对方没有经济自由，甚至衣食住行都成问题；第三种，**语言暴力**，通过不断贬低、辱骂使对方觉得自己非常差劲，从而达到控制的目的。

还有一种比较有争议的暴力——**冷暴力，或者叫精神暴力**。冷暴力之所以无法明确归属于家庭暴力范畴，是因为冷暴力有时候会和冷处理混淆。比如，发生矛盾后，彼此或某一方拒绝沟通，希望有点时间冷静，这种争吵时先按暂停键，大家冷静一下再说的方式，就不能直接归结为冷暴力，因为这也是避免冲突升级的一种方法。真正的冷暴力是通过拒绝沟通来控制和惩罚对方，逼迫对方屈服。也就是说，沉默是种手段。由于需要时间冷静和故意沉默之间的界限太不明确了，所以到底什么是冷暴力在学术上争议很大。

这些家庭暴力的背后具备一个共同特征：控制。也就是说，不论是通过武力，还是通过性、语言、经济手段等，它背后最重要的目的是控制，迫使对方按照自己的意愿来行事，而这种控制的手段或结果给对方带来了实质性的伤害，就是家庭暴力。所以，家庭暴力的实质，就是控制本身。我们除了用形式判断家暴以外，最重要的就是看施暴者行为背后控制的欲望是否强烈。

在武力施暴之前，施暴者一般有两种控制的方式。第一种是我们常说的 PUA，通过贬低，不断说你很糟糕，让你丧失自信和自尊，而不得不依赖对方，从而达到控制的目的。第二种是全面控制你的社交，让你变成真正意义上的孤家寡人，只能依赖对方，这就是消耗捆绑型关系的极端情况，也是家庭暴力的实质操作方式。

有关家暴还有两个需要重视的迷思。

第一个迷思是受害者有错论。研究发现，有些人因为遭受家暴而离婚，可她们找到的下一任伴侣还是有家暴倾向的，于是就有人认为是这个女性有做得不好的地方，所以每次都被打。其实，在很多家暴的案例中，不是这个女性有什么错，很可能是她的爱情脚本出问题了。这样的女性往往都有一个特征，她的爱情脚本是类似霸道总裁爱情剧的，这个霸道总裁不只是高冷，还要以控制作为爱的表征。比如为你吃醋，甚至看到你和别的男人在一起就觉得无法忍受。这样的表现被一部分女性看作爱得很深的表现。如果你对我没有表现出占有欲，你就是不爱我，所以她每次找的人都要控制她，而控制的第二步就发展成了暴力。

第二个迷思是认为施暴者主要是因为情绪失控才挥拳的。施暴者经常说自己喝了酒，或者那天实在太生气了，才忍不住动手了。也常有所谓的教育者指导被打者不要激怒对方，否则就可能被打。但学者冯媛指出：家庭暴力是一种决策，而非情绪失控。家庭暴力中的施暴者常常在家庭外面是非常懦弱的，遇到外人的各种欺负、压榨、讥笑等，都能忍下来，唯独对自己的妻子和孩子却忍不了。这是因为施暴者知道打妻子或孩子不会付出太大的代价，他才会挥舞拳头。所以，情绪失控的背后是潜意识快速计算得失代价的结果。当我们意识到,家庭暴力是一种决策,而不是一种情绪的时候,我们解决家暴的思路也就不同了。

如何跳出家暴困境

要想跳出家暴,**首先要反省你的爱情脚本,避免被控制**。不是说家暴是受害者的问题,而是如果我们想要避开家暴者需要一些判断能力。如果你的爱情脚本已经出问题了,就要改写它。很多人的爱情脚本经常受影视作品的影响,而影视剧常常给一些非常错误的暗示。比如,"壁咚"就是个控制欲极强的表现方式,可很多人却认为这很浪漫;又如,男主角看到女主角和别的男生在一起就会特别吃醋,很多人以为吃醋就是对一个人的爱;再如,男主角对女主角爱的表现是不理睬身边的其他魅力女性,说"你就是我的全世界",很多人认为爱就应该这么动人。当你形成这样的爱情脚本时,那么男性如果不是很关心女朋友和谁在一起,也不太吃醋,甚至鼓励你交更多的朋友,就可能让一些女性觉得"他心里没有我""他不爱我"。形成这样的爱情认识,就会把感情的控制看作是理所当然的,并且很容易选中那些控制欲强的人,作为自己的择偶对象。

但实际上,控制从来不是爱。今天我们强调独立自主,两个独立的个体应该知道尊重才是爱的基础,平等才是爱能持续的前提之一。伴侣相爱应该是打开各自的世界，能拥有的资源更多，让彼此生活得更美好，这才是好的爱情。

我们很难鉴别谁是家暴男，但是我们可以避免进入消耗捆绑型的爱情里。当你觉得自己和他在一起，生活圈变得越来越小，对自己越来越不满意，越来越无助时，说明你们的关系正在或已经变成消耗捆绑型，而这种关系模式恰恰是家庭暴力的基础。施暴者首先会切断你跟别人的联系，告诉你不应该和别人有太多交往，别人都是害你的。上海有很多家庭暴力的个案，受害者的工作联系都被切断了，甚至连父母都找不到她们，到后来她们自己都会认为，好像只有施暴者才能拯救自己，只有他对自己最好，他就是自己的全世界。为什么我反对"你就是我的全世界"这种看似浪漫的说法呢？很重要的一点，这些浪漫的话语背后可能隐含着切断你跟世界联系的控制欲，让你很难跳出来。如果我们想要阻止暴力或者预防家暴，最重要的就是改变控制型的关系，控制和被控制的关系不改变，隐患就永远存在。

有研究发现，一个遭遇家暴的女性平均被打35次才会报警。很多人会说，这是一个愿打一个愿挨，她肯定有错不敢声张。对此我有三点要说：一、女性常常怀有对方能改过自新的幻想，没有意识到背后的控制关系，认为对方只是一时情绪失控，从而忽视了本质问题；二、一开始被打，女性认为两个人还有爱，还能够改变，但直到最后，爱被消耗一空，她才放弃；三、施暴者打起来是真狠，但打完后承认错误也显得很真挚，甚至还会附带一个蜜月期,这也是控制的手段,先把你的自尊打下去,再以强者之姿下跪,所以我们如果不能反省这个脚本,要跳出来真的很难。

有时候,秀才遇到兵,有理说不清。遇到失去理智、想尽各种办法来控制你的人,我们能够做的就是让自己变得强大起来。如果你不准备离婚,首先就是改变控制与被控制的关系,单纯的原谅或赔礼道歉是无法解决问题的。第一次暴力发生时,我们就必须坐下来沟通,制止家庭暴力最重要的一步是施暴者要有行动上的改变(而非仅仅口头承诺),才能及时止损。报警以后,他承认错误、下跪,都不如行动上的改变有用。

其次,要让施暴者的暴力决策变得更加艰难。受害者需要有意识地寻求其他的支持体系,比如:是不是有要好的朋友可以帮忙;能否经济独立,可以更迅速地离开他;能否不害怕"家丑外扬",勇于向外界告知;等等。这一步很艰难,但如果不想直接离婚,这一步却是必要的,否则施暴者不会停下来。

最后,施暴者承担改变家庭暴力困境的主要责任,他必须有行动上的改变。

一、施暴者需要接受心理咨询,否则他的承诺没有可信度;二、受害者要寻求经济上的补偿,甚至可以签署协议;三、明确告诉施暴者今后哪些事是不被允许做的,比如他从此再也不能碰你的手机。如果他只是求你原谅,说以后会加倍对你好,这依然是控制。要知道他对你好不好，跟他之后打不打你是两码事，他下次很可能会变本加厉地打你。好在今天有很多法律保护我们，即使被打后不能马上离婚，也可以申请人身安全保护令。我鼓励大家一旦被打要马上报警，这也是为了留下证据，如果之后要离婚，也是有好处的。此外，申请人身安全保护令至少可以让他离开你一段时间，保证你的安全，因为暴力还会带有威胁，不仅伤害你，还可能伤害你身边的人。

我还要提醒大家一点，如果你发现身边有人被家暴了，希望你能伸出手帮一把。有一次，我和我先生深夜回家，看到小区里一个男性把一个女性按在车上，我们就跑过去制止，那个男性很生气，叫我们走开，还气势汹汹地要和我先生开打。我先生马上大吼一声："你敢打我？那我们就打一架试试！"其实我先生并不会打架，他也很心虚，但事实证明大吼还是很有用的，当时就震慑住了他，成功制止了一场家暴。所以当我们处在强势地位时，能帮别人还是要帮一把，希望大家不要把它看成私人的事情，家庭暴力不会因为它发生在家庭领域，就改变它是暴力的事实，我们还是应该发出声音，这样家暴才能随着社会整体的进步而逐渐得到解决。

要点回顾

家暴存在几种不同的形式,它们有一个共同特征——控制。但在亲密关系中的控制常常很隐蔽,有时候通过打压对方的自尊来达到,有时候又通过影响对方的社交、切断对方的社会支持体系来达到。如果你有这方面的困扰或担忧的话,首先,要反省自己的爱情脚本,是不是陷入了把控制当成爱的误区。其次,你要警惕消耗捆绑型的关系,因为这种关系模式恰好是家暴的基础。如果你已经遭受家暴,要记住,对方单纯的赔礼道歉是没用的,他一定要做出行动上的改变,比如接受心理咨询或经济补偿等。当然,寻求法律帮助也是必不可少的途径。最后再强调一下,家庭暴力是一种决策,而不是情绪问题,施暴者应该承担家庭暴力的所有责任。

28

出轨：不一定宽恕，但一定放过

这一节我来谈谈在长期关系里一个更普遍的危机——出轨，或者在恋爱关系里叫作"劈腿"。

从潘绥铭教授 2015 年的一组研究数据来看，中国已婚男性出轨率是 34.8%，女性出轨率是 13.3%，所以从整体上来看，出轨率虽然比较高，但也并不像网络上说的那样高，而且女性出轨率远低于男性。当然，出轨的确是离婚主要的原因之一。

一般来说，出轨分为两种。一种是双方在长期关系里积累了各种各样的问题，时间久了变成大问题，而出轨是这些问题累积到最后的一个结果。另一种并非夫妻关系出了问题，而是其中一方因为某些特殊情况而出轨。两种不同的出轨情况的应对方式是不同的。

爱情脚本从旧到新，很多观念、习俗都变了，唯独对出轨的否定态度一直都没变过。今天虽然有人提出开放或多元的关系，但一对一的契约性关系依然是主流的爱情关系。

这一节主要以女性作为被出轨对象来探讨这个话题，不仅因为前面的数据表明，男性出轨的概率是女性的两倍多，也因为在现阶段，离婚中女性更有可能付出高成本。

遭遇出轨了该怎么办

爱丽和李智结婚7年，虽然算不上浪漫，但在外人眼里还是伉俪情深。孩子出生以后，爱丽太忙碌，没有像恋爱时那么关注李智。但李智非常老实，人也靠谱，所以爱丽也不担心他变心。结婚第7年，李智生日那天，爱丽到他单位去打算给他一个惊喜，结果惊喜成了惊吓——李智不在，而他的日程表上写了一个"和D吃饭"。爱丽问他的同事，同事也不知道他到哪里去了，只是告诉她，今天他10点多就走了。

看到这个D，爱丽马上想到了董小姐。因为有一次，爱丽看到董小姐把手搭在李智胳膊上，她当时就觉得很不舒服，而李智辩解，董小姐就是大大咧咧的人而已。爱丽觉得事情有蹊跷，就跟李智的同事说："不要说我来过，晚上我要给他一个惊喜。"所以李智回到家后，并不知道爱丽曾去过他的办公室。爱丽询问：

"今天中午你去哪里吃饭了?"李智说就在食堂啊,跟同事一起,爱丽就挑明了他在撒谎。在她的不断追问下,李智终于承认,中午的确是跟董小姐一起吃饭的,并且跟董小姐有婚外性行为。

李智表达了深切的忏悔,爱丽也觉得可能是因为自己平日里太冷落他了,决定原谅他。但之后的日子对两个人来讲都是重大的挑战。爱丽非常矛盾,她有一段时间甚至看到李智就觉得恶心,每一次李智碰她,她就恨不得马上让他把手拿开,但她有时候又会紧紧地抓住李智的胳膊质问他爱不爱自己,希望他和自己更亲密一点。慢慢地,爱丽对过去的人生都产生了怀疑,难道过去的亲密都是假的?难道自己对李智的了解都是错的?除了董小姐,是不是还有李小姐、张小姐……

李智其实还是爱爱丽的,不想离婚,可董小姐的确给了他恋爱的感觉。李智希望爱丽能理解他,他认为这段婚姻还可以继续下去,但他觉得自己能做的事情也只有道歉而已。可由于爱丽的不断追问和质疑,甚至各种攻击行为,李智只好表态:"你要么相信我,要么我们就离婚吧。"

爱丽受的伤越来越深,她觉得李智明明错了,怎么还这样强硬呢?李智也很不满:我已经赔礼道歉了那么久,你还不依不饶,这日子不要过了。于是他们走到了即将离婚的地步。

在这个事件中肯定是李智错了,李智也同意离婚,但是爱丽反倒不同意离婚。她问我,在不离婚的前提下,他们的婚姻到底应该怎么办。

实际上，危机永远没有完美的解决方案。伤害已经发生就无法回头。我们要讲的解决方案，其实是阻止这件事因冲动而走向更恶劣的后果，两害相权取其轻。

我给大家的第一个建议，**在刚刚遭遇出轨的时候，请一定要记得，首先要做的是按下暂停键，暂停1到3个月**。因为这个阶段，双方情绪很容易波动，做出的决策往往不太合理，即便要分手也会牵扯很多问题，而这些都是需要理性解决的。暂停期间，我们要重新去梳理这段关系的意义，在一起的理由、分开的理由分别是什么。

第二个建议，不论是分手或其他决定，出轨背后都会牵扯到除了感情和性以外的事情，需要考虑两个人在其他方面的联结情况，比如经济上的联结、人情上的联结、事业上的联结等，它比我们想象的更复杂。

对于被出轨的一方来说，由于她是完全没有准备的，甚至通常是由她掌握分手还是继续过下去的主动权的，所以这样深层次的梳理是非常重要的。而出轨方要承担更大的责任，因为犯错在先。虽然很多出轨方事后很快地赔礼道歉，可时间一长，出轨方并不一定处于弱势地位，毕竟道歉是希望被接纳，如果每次都不被理解，出轨方就会越来越生气，对方的指责也会让他不断为自己的行为进行辩护，找各种各样的理由，这样一来就变成了一定是因为对方有什么不好，他才出轨的逻辑。这种逻辑是有问题的。

契约关系是两个人共同建立的，这也意味着解除它就需要双方的同意。遇到问题或障碍，我们需要做的是开诚布公地和伴侣讨论。爱丽在有了孩子以后的确很难像过去一样把关注都给李智，那么李智就应该想办法努力减轻爱丽的负担，比如一起参与家庭事务，而不是把爱丽太过关注孩子、冷落了自己作为出轨的理由。作为出轨方，在解除原来的关系之前就和其他人发生关系，不论何种原因，都违反了契约关系，就需要承担主要的责任。

所以，**在讨论婚姻到底该怎么走下去之前，首先需要理清各种关系和方案的利弊。**

出轨后，最常见的结局就是分手或离婚，相对来讲这也是快刀斩乱麻的方式。不过，即使在这种情况下，我们依然要体面地分手或离婚，因为体面也是对自己的保护。很多人在被出轨后一定要去确认，对方的情人是不是比自己优秀，她到底用什么手段"勾引"了我的"爱人"，然后开启一场"大战小三"的斗争。

但研究告诉我们，出轨的对象并不见得就比原配好，出轨者只是爱上了和妻子角色不同的另一个形象。就像有些人有了红玫瑰就喜欢白玫瑰，有了白玫瑰之后就觉得红玫瑰更可爱一样。所以，在出轨事件中主要承担责任的人一定是出轨者，而不是被出轨者或小三。

分手或离婚是感情出现问题时的一个选择，并不等于人生毁灭。一旦决定分开，就不要再投入太多的时间、精力、金钱在不会有回报的事情上，即使你很愤怒，也要让这种情绪的发展有利于自我纾解，而不是把自己卷入更愤怒和更伤心的局面。如果各自觉得能承受离婚的结果，那么现代婚姻制度给了我们这样结束和重新开始的机会，离婚是一个理性的选择。

除了分开，也会有恋人或夫妻选择继续在一起，重建亲密关系也是一种解决问题的方式。微博上的网友针对出轨事件，几乎都是劝人分手或离婚的，他们会觉得这样的男人/女人就是不能要的嘛，如果你不分手或离婚，那一定是因为不够独立，或是有其他的问题。很多人迫于外界压力选择分手或离婚，结果很快就后悔了。要知道不论选择分手还是重建关系，最后承担结果的都是当事人，别人的意见可以参考，但最重要的还是当事人自己的想法。恋爱也好，婚姻也好，都比我们想象的更复杂。

对于很多人而言，虽然关系出现了很严重的问题，可依然有值得留恋的地方，比如双方有事业上的合作，或者在家庭中仍是很好的搭档，聊天依然是最快乐的。那是不是因为性本身的问题就要否定所有呢？这对当事人来讲是很艰难的决策。我不是说，对方出轨了，我们就要容忍，或者就必须跟他分手或离婚才是独立女性，而是想强调，性有时只是个表征体系，背后往往隐藏着其他的问题。我们需要直面背后的问题。在李智和爱丽关系的梳理中，他们就发现婚姻出问题也缘于夫妻本身没有重视两个人的沟通和仪式感的塑造，而他们又有很尊敬的老人和可爱的孩子在一起生活，所以他们最终还是决定重建关系。

如果最终，你们双方觉得这段关系还有重建的可能性，那就会走入另外一种局面。对于被出轨者来说，重建亲密关系看上去伤害性较小，可难度却非常大。很多人表面上想要重建，可内心却没有做好准备。一开始原谅了对方，但心里一直记着对方的错，在未来的日子里反复念叨，最后还是走向了分手或离婚。

出轨后，如何重建亲密关系

重建亲密关系不容易，是一条长期的修复之路，也许比很多人想象的更为复杂，不是被出轨方原谅出轨方就能解决的。那么在出轨后，如何重建亲密关系？

第一步，重建信任感。我们和他人建立亲密关系的过程，也是一个筑墙的过程。出轨其实就是我的丈夫或妻子和他/她别的朋友建立了亲密关系，所以作为出轨方，就必须承受对这堵墙设置更多的限制。建这堵墙更重要的是行动，而不仅仅是语言。比如，一定要停止与"小三"有任何私下的联系，要汇报日程，要允许对方时时查看手机和查岗等行为。赔礼道歉只是第一步，更重要的是拿出行动来，加固你和伴侣之间的墙。而被出轨方也应该有这个意识，怎么把墙建得更坚固，怎么平衡约束和自由的尺度。李智后来不仅做到了这一点，还积极加入家务和育儿的事务中，让爱丽能有更多时间和空间发展自己的事业，从而让她对自己和婚姻都更有安全感。

第二步，克制、克制再克制。既然选择了重建，就不要让出轨这件往事再影响你们的关系。这当然很难做到，可如果你过不了这关，永远耿耿于怀，把出轨当作控制对方的筹码，那你们的关系依然避免不了慢慢走向失败。对出轨方来讲，对方的愤怒情绪可以理解，不要觉得：我已经赔礼道歉了，你还想怎么样？更不要因此而更加愤怒，再通过出轨来刺激对方。两个人都需要克制，都需要时间。在出轨事件中，正义方怎么对待非正义方，强者怎么对待弱者，也是衡量一个文明价值的关键。

爱丽在这一方面做得很好，在愤怒了半年，把问题都理清后，就再也没有提过这件事，甚至也不干涉李智和其他女性的正常来往，毕竟职业发展中一定会有异性合作者。爱丽把"出轨"视为婚姻中的"敏感词"，即使在吵架中，她也不用这个词，因为她想好了，一旦这个词说出口，就意味着她自己做好离婚的准备了。而李智也能发自内心地感谢爱丽对他的信任和克制。双方的关系终于有了改变。

第三步，放过对方。我们未必要宽恕，但一定要学会放过，如果你老被这件事困扰，之后的人生就只会为这个垃圾事件花费越来越多的精力。当每次想起这件事情都很生气的时候，问问自己：我到底要为别人的错误让自己不开心多久？我到底要为别人的错误付出什么代价？

我不是说出轨无足轻重，而是一旦准备重启关系，在建立墙的基础上，我们需要放下包袱一起往前走，否则背着这么沉重的包袱，首先被压垮的还是自己。

放过他人也是为了放过自己。

爱丽在李智出轨后做了很多的反思，不仅更信任老人和丈夫，让他们承担更多的育儿责任，也开始学会关注自己的发展，把更多的精力聚焦在如何让自己有成就感和开心的事情上，生活逐渐走出了原来的困境。

第四步，开始陪伴，创造新的共同记忆。比如，双方需要更多在一起的时间，建立仪式感。过去我们可能不重视这些，但在新的阶段就必须重视起来。只有新的美好的记忆才能稀释过去不美好甚至伤痛的记忆。

后来，他们每个周末都一起陪孩子出去玩，节假日一起规划旅行，定期到双方父母家拜访，在结婚纪念日、生日等特殊日子，会做一些有仪式感的事情。慢慢地，美好的回忆冲淡了过去的痛心。

在实践中，的确有出现出轨事件后，夫妻双方知道了过去存在的问题，然后直面和解决问题，最终重新成为幸福夫妻的个案。爱丽和李智就是这样一对夫妻。

当然，重建也会有些特殊情况。

有的人可能有性瘾问题，我们在性教育课程中就说到，性瘾其实是一种心理疾病，很难自己控制住，而且在一定时间内也不会有大的改变。这种情况要想重建，回到一对一的关系，是很难的。所以你要选择，能不能接受一个不那么忠贞的人，如果不能的话，分手就变成了唯一的选择。

再如，出轨方占有绝对的经济优势：你如果跟我离婚，我的财产你一分都拿不到。在这种情况下，被出轨方讨价还价的余地是非常小的。这时你面临的真正问题，不仅仅是出轨，还有如何让自己成长起来，如何在经济上有一定的话语权。变得更强大才是解决关系失衡的关键。

好的婚姻关系有一个非常重要的前提，就是两个人都有能力也有权利对婚姻说"不"，双方都有离婚的勇气和底气。 在处理危机和重建关系的过程中，都需要双方有相对平等的地位。同样，处理危机也是特别需要智慧的，有时真的会给我们带来创伤，但同时它也可能推进我们的关系走向更重要的阶段。处理好的话，我们就有可能触摸到彼此灵魂的空间。人生需要具备一种能力，把坏事变成好事，变成我们成长的机会。借助危机，重新反思关系，重建关系，这样我们的人生才能越走越顺。

要点回顾

无论爱情的新旧脚本怎样变化,人们对出轨的态度始终如一。面对出轨危机,我能给大家的建议,首先是按下暂停键,给彼此空间来梳理两个人的深层关系。作为出轨方,更应该主动和另一半沟通,拿出解决方案来,看看接下来如何调整两个人的关系。

对待出轨,可以选择分开,也可以选择重建亲密关系,两种方法都不容易。尤其是重建关系,首先要重建彼此的信任感,把关系的墙筑得更牢一些;其次要克制自己,不要揪着出轨的事不放,如果你一直把它当作控制对方的筹码,那你们的关系最终还是会走向失败;最后要去创造新的属于彼此的记忆,美好的时间是治愈心灵创伤的唯一良药。

29

恐婚：不入虎穴，焉得虎子

在长期亲密关系中，经常会有人碰到另一个看上去不像危机的危机：恐婚。我身边有很多这样的朋友，两个人恋爱谈了好多年，感情也不错，可一谈到结婚，争执就很大。为什么总有一方不愿意结婚？一谈到婚姻就恐惧？恐惧背后的真相又是什么？这些问题常常没有理清，一下子就上升到你不爱我、对我不负责任这样的道德批判，最终两个人走向了分手。这在我看来是很遗憾的。

这一节我就来说说，当我们恐婚的时候，我们到底在恐惧什么，从恋爱到婚姻的这道坎该怎么度过。

社会学统计发现，近年来结婚率不断降低，恐婚现象变得越来越普遍。根据国家统计局和民政部的数据显示，我国结婚率从 2013 年到 2018 年，出现了五连降。

2008—2018中国结婚率情况
单位：‰

数据来源：国家统计局和民政部

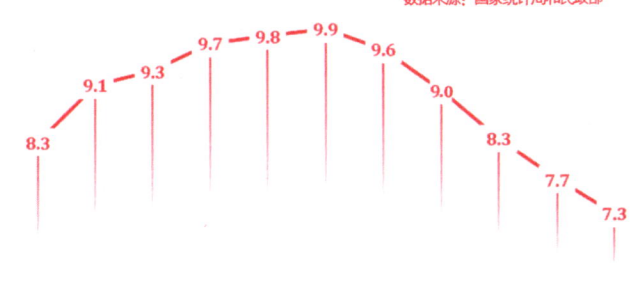

年份	2008	2009	2010	2011	2012	2013	2014	2015	2016	2017	2018
结婚率	8.3	9.1	9.3	9.7	9.8	9.9	9.6	9.0	8.3	7.7	7.3

2013年全国结婚率[1]是9.9‰，2018年降到了7.3‰，虽然从比例上来讲只降了2.6‰，但考虑到中国巨大的人口基数，这是个非常庞大的数字。可以预见，在未来结婚率也一定会越来越低。究其原因，原本需要通过家庭来满足的很多需求，在现代生活中可以通过市场来解决了，人们各方面的独立性越来越强，对家庭的依赖变得越来越小。过去，结婚是每个人必然的选择，但今天结婚成了个人选择，只要你能承受选择的后果就可以。

不结婚那就承受不结婚的后果，结婚就承受结婚的后果。从理性层面来说，选择结婚肯定是因为结婚后的生活会比单身或恋爱时候的生活更好。可是落实到具体层面，这种选择对很多人来

---

[1] 根据结婚率的计算公式，结婚率=（某年结婚对数÷某年的平均总人口数）×1000‰，分子下滑导致结婚率下滑。

讲很艰难，因为我们并没有足够的信心保证婚后的幸福。结婚的后果到底会怎么样？我们心里其实是没有底的。

恐婚类型一：对人性的不确定

第一种情况是对人性的不确定，包括对自己、对伴侣、对双方能否维持好的长期关系都产生怀疑。同时也很恐惧进入深度关系后，自己还能否保有独立性。

比如，有的人常常认为男人有钱就变坏，女人都水性杨花，人性如此不靠谱，那何必结婚呢？结了再离不是更失败吗？如果你这么想，坦率地讲，我还真没什么办法。但研究告诉我们，这个观点是错误的。绝大部分人的人性是比较稳定的，人类对建立稳定联结的需求也是恒定的，对中国家庭满意度的研究也许会出乎你的意料，大部分人对家庭是满意的。

再者，就算婚姻出现了各种问题，两个人最后离婚了，也不等于其中一方的人性一定有问题，可能只是在不同的阶段选择了不同的人生而已。结婚的意义在于承诺，而非保险。爱情新脚本认为，爱情需要经营，经营就会有不同的取向，意味着你要有所付出。所以，因为人性的不确定而不愿走进婚姻，常常只是一个借口而已。

还有我们其实不怀疑别人，而是怀疑自己能不能稳定下来，觉得自己就是喜新厌旧、不愿承担责任的人。朋友小 A 就是典型的例子。她每次谈恋爱，一到谈婚论嫁就开始逃避，甚至会认为自己是不是耽误对方了。她最核心的问题是对自己的不认同，觉得自己不够好，不足以跟别人形成联结，也很担心婚姻会将她与别人捆绑在一起，让她丧失独立性。

婚姻是不是一定损害个体的独立性？答案是否定的。好的爱情、好的婚姻是两个独立个体的联结，它只是联结，不是合并，并不会损害你的独立性。恰恰相反，在爱情的新脚本里，爱情和婚姻正是促进个体发展的。工作和家庭也并不一定对立，我们在亲密关系中成长起来，个体的独立性是增加而非减少的。

面对人性的不确定性所带来的恐婚，**首先要做的是理清自己的底线在哪里，什么情况下可以走进婚姻**。有些时候，你可能会残酷地发现，自己或对方其实并不具备爱的能力。所以，找到一个有爱的能力的人或培养自己爱的能力是抵抗人性悲观的方法。

其次，你要问问自己，对接受关系变化的程度是什么样子的。想要一个稳定的感情是很难的，好的爱情其实也一直在变化，而变化也会带来好处，它能让我们发展出更深层次的关系。所以，人性可以不稳定，爱情也是可以跟随着变化的，只是我们需要对自己接受变化的程度有预期。

最后，也许我们需要改变对人性不确定的认知。我们需要追问：人性的不确定是指什么？统计数据真的证明了男性有钱就会变坏吗？婚姻中需要的人性和工作中需要的人性相同吗？这些人性有什么研究证明必然会改变吗？这一系列问题的追问也许能帮助我们更好地反思人性的问题。

也许，恐婚只是我们其他问题的表征结果而已，背后还有我们不愿意去面对的问题。所以，找到自己恐婚的真实原因非常重要。

恐婚类型二：对婚姻本身的恐惧

第二种情况是对婚姻本身的恐惧，包括对婚后生活、婚后角色、生育以及其他各种复杂关系的恐惧。我的朋友小B一直被父母催婚，最后找了一个男朋友，各方面条件也不错，但当他们开始谈婚论嫁的时候，她犹豫了，问自己：为了他，真的值得我走进那个千疮百孔的婚姻制度中吗？

今天，我们对婚姻的态度越来越慎重，这是好事，但同时也是很大的挑战。要跟一个人长久地在一起，很重要的一点是，我们必须很相爱，所以这种恐婚的根源其实在于我们是否足够相爱到愿意分享权利和承担责任——这听上去很扎心，但却是事实。很多时候我们并没有体会到电视剧里那样激动人心的爱情，尤其是当你从互惠型关系走入时，是否一辈子要在一起，就变成了灵魂的质问。

此外，有些人对于进入婚姻后的种种场景和角色，比如成为妻子、妈妈、儿媳妇也感到恐慌。他们会焦虑生孩子的疼痛、养育孩子的麻烦、孩子长大后的品德等。还有人想到要面对婚姻关系里各种复杂的关系，就头疼。我原本只是选择了一个人，结了婚后还得承担他们一大家子人的各种关系，而当这种选择和结果不对等的时候，就会觉得很麻烦。

结婚前的犹豫不决是人生常态，人生的决策常常是这样，决策之前没有足够的知情权，决策以后也不知道后果，但你要承担这个后果。

近几年，恐婚的人越来越多，这主要是因为身边人的坏榜样和媒体的渲染。我们的父母或长辈的婚姻很多都是不怎么相爱的，或者相爱相杀还非得在一起。我们聊起同龄人的婚姻常常是在八卦里，而八卦里的婚姻总是越狗血越被更多人津津乐道。身边的幸福婚姻也会因为怕被批评"秀恩爱"而很低调，所以很多人发现身边没有幸福婚姻的榜样。

而影视剧里展现的爱情主要在偶像剧里，常常很夸张，而讨论家庭关系的就变成伦理剧了，很多编剧觉得没有冲突就无法推进故事，所以他们展现的家庭生活就是一地鸡毛。再加上幸福的家庭不会上社会新闻的头条，而各种家暴案件总是占据新闻版面，让人看到婚姻就觉得不寒而栗。

实际上，现实的婚姻有冲突也有幸福，极端个案永远有但也永远是少数，看看更多普通人的生活，也许能帮助你建立对婚姻的合理预期。

如何走出恐婚的困境

在我们这样一个时代，恐婚其实特别正常，因为婚姻在今天不再是必需品，所以你的郑重其事、犹豫不决都是正常的。我觉得很遗憾的是，有些人根本不知道自己在恐慌什么，就匆匆分手了。要知道，恐婚是个危机，但也是个转机。恰恰在此时，我们能够开启与自我的深度对话，同时也可能让两个人的感情上升到新的高度。在恐婚这个事件里，去碰撞彼此最底层的人生逻辑，所以这其实是一个很好的机会，让我们能够增进对自我和对对方的了解。

面对恐婚，首先需要梳理恐婚背后的原因。如果是因为对人性本身的不确定，其实就是个决策的问题。你是放弃这个人，还是更好地经营关系，抑或是做一些自我的调整。当你觉得对方不是适合的人，又没有合适的契机说"不"的时候，放弃是需要勇气的，如果此时缺乏勇气，就会呈现出恐婚的状态，我们需要把这种情况和真正的恐婚区分开来。

但如果你恐婚源于对婚姻本身的恐惧，就需要你们双方把这个分歧拿出来具体谈谈。在爱情里，人们常常是小事经常谈，大事避而不谈。大家总觉得如果把重大分歧拿出来沟通的话，会伤害对方。或者如果告诉对方，我不想结婚，对方就会觉得我不爱他了，变心了。实际上，这不是沟通的问题，而是沟通方式出错了。基于事实本身的沟通是不伤感情的，反倒是为了隐藏事实，找很多借口或逃避的理由，才更伤感情。你需要做的是把你的担心讲出来，比如觉得婚后有什么事情是你可能做不到的，针对事实去和对方进行充分交流。

沟通重要的是坦诚，前面我也讲到，沟通的第一步不是说服，更不是希望别人按照自己的要求做，而是寻求共鸣或共识。在这之前，我们要通过深度的自我对话清楚地看到自我需求，再拿出来跟对方沟通。于是你会发现，其实恐婚没那么严重，不见得会伤害感情，反而有可能成为两个人深度碰撞、升华关系的基础。

有了这样的转变，你就可以迈出第二步，努力建立婚姻的新脚本。

我认为，大家恐惧的其实是婚姻的旧脚本，而不是婚姻本身。你要走出婚姻的恶性循环，就必须鼓励自己走进婚姻新脚本。今天的时代给了我们这样的机会，我们不必非得像过去一样扮演一个好妻子、好儿媳妇，你完全可以跳出牺牲者的角色，享受婚姻，享受当下。我自己就不符合传统里贤妻良母的角色，不会做饭，也不会做家务，而且也不是特别体贴，但那又如何？我先生可以接受，我自己也觉得很好就可以了。所以我鼓励大家要勇敢一点，首先进行自我对话，知道自己要什么，然后去增强改变的勇气，鼓起信心去打造新脚本。

接下来，即使结果没那么好，现代社会也给了我们及时止损、从头再来的机会。好的婚姻需要有离婚的勇气和底气。离婚并不等于人生的失败，单身也是人生的一种选择，没有好坏之分，我们需要思考婚姻和爱情的关系到底是什么，而不能单纯地认为婚姻就是爱情的坟墓，或者没有婚姻，爱情就死无葬身之地了。今天，单身是个非常勇敢的选择。反过来，进入爱情，进入婚姻，更是一场勇敢者的游戏，不仅需要勇气，还需要智慧。

我在第一章讲到婚姻有它的好处，这些好处你也可以用别的东西去替代。但替代的东西也都是有代价的，不是那么容易的。所以，想要不付出任何代价就能既幸福又成功，是很难的。你可以把婚姻想象成你要拿到的一个奖励，它是需要你努力做的事情。所谓不入虎穴，焉得虎子，恰恰是因为婚姻，我们才能获取两个人的最大利益，所以你要勇敢地进入，去尝试，去改变，去体验。

我特别希望大家今天都能够找到自己的幸福。但是今天的幸福跟过去的那种稳定的幸福已经不一样了。社会学大家鲍曼就说，现代性有一个特征叫流动性，他专门写过一本书——《流动的现代性》，来讲这个问题。在现代社会生活中没有什么是一成不变的，不变意味着落后和淘汰。所以幸福也一定是变化的，感情最大的回报不是对方给你什么物质，而是在所有的不确定性里面，我知道你会跟着我一起改变。你也会一直在我身边，成为我的人生盟友。

如果我今天想要去尝试一个新的东西，你也愿意在背后支持我，给我无限的力量，这才是我们在"不确定"的世界中最终的"确定"。

所以当我们恐婚的时候，可以想想看，婚姻的代价可能是很大的，可投入其中的话，乐趣也是很大的，即使有冲突也不可怕，因为它能让我们成长，何况我们还有及时止损的权利，你愿不愿意尝试一下？

要点回顾

近几年，恐婚现象越来越普遍了。有些人恐婚，是出于对人性的不确定性，从而对能否维持好的长期关系产生了怀疑。还有一些人，是对婚姻本身怀有一定恐惧，面对这种情况，逃避不是好的方式，坦诚而深入的交流，才有可能成为你们关系或你人生的新转机。

我们每个人，都可以摆脱对婚姻旧脚本中角色的恐惧，去打造属于自己婚姻的新脚本。前提是，你要接受生活的不确定性，好的婚姻也是在不断变化的。当然，和身边的人一同享受变化，共同成长，也正是婚姻的乐趣所在。

结 语

爱情是勇敢者的游戏

生物人类学家海伦·费舍尔说：爱是一种需求、一种渴望，是探寻生命中最大奖赏的驱动力。

没有人能拒绝爱情的到来，即使那些口口声声不相信爱情的人，一旦爱情来了，也会缴械投降。但是，爱情却也不是那么容易就来临的。有些人渴望爱情却不得其门而入，有些人在爱情中伤痕累累，有些人曾经抓住过爱情却又失去了它，有些人总是在疑惑到底什么是爱情。人们常常把爱情中的不可得或失败归结为个人运气或意志力的问题，但是社会学却说：也许这不是一个个体的问题，而是一个时代的问题——在现代社会中，爱情的确没那么容易。

爱情是不确定世界中最不确定也最确定的存在

现代社会与传统社会相比的一个最根本的不同在于不确定

性。在传统农业社会，人们在同一片土地上生老病死，每天的生活都是相似的，什么时候结婚，什么时候生育都很确定，虽然个体没有太大选择权，但一辈子都比较确定。而现代社会是流动的：我们可以选择在某个城市读书，在另一个城市工作；我们可以选择结婚，也可以选择不结婚。人们依靠选择来形塑生活，但每一个选择的结果可能都不在意料之内。社会的流动和复杂多元的结构使得每个个体都因为不确定性而焦虑。

爱情无疑是不确定的代表之一。一个人的选择已经很复杂了，而爱情至少会牵扯到两个人，两个人的选择结果必然比一个人的选择更让人不可把控。即使确定了关系，也并不意味着稳定，在未来的日子还需要不断地体验爱的感受，才能把爱情坚持下去。即使两个人都很忠贞，也很努力，但也可能因为其他方面的成长不同，最后分道扬镳。何况，爱情还非常感性，不是想要就会有，分手就会马上消失。爱情的这种不确定性让很多人焦虑。

所以，在这个不确定的时代去实践爱情，是勇敢者的游戏，需要你相信爱情的存在，去拥抱不确定性，愿意把自己投入一段不确定结局的时间流中去。

爱情是勇敢者的游戏，但是勇敢不等于莽撞，想要经营一份成长治愈型爱情，在勇敢跨入爱情后，依然需要智慧。我们需要排除 Mr. Wrong 来守护底线，保护自己；我们需要反思自己的爱情脚本，跳出双标；我们需要跳出爱情的模式，回到人的本身，学会让两个真实而独特的"自我"能联结在一起形成"我们"。

"我们"能得到的奖励也是非常丰厚的。当我们遇到和经营好一份爱情时,你会发现我们在不确定的世界找到了一份非常难得的"确定":无论时空如何变化,总有一个人陪伴在你身边,愿意和你一起面对生活的艰辛,也和你一起分享生活的快乐。漫长的人生就像一个打怪游戏,总是会出现一个又一个的问题和困难,在打怪路上,我不再孤独,因为我不是一个人在战斗,而是我们在一起战斗,也因此我们有勇气面对各种问题。爱情还会激发我们对人生的热爱,让我们愿意去探索世界,探索你我。

所以,我鼓励你勇敢去爱吧,即使失败,也会拥有一段丰富的感受;而如果成功,人生路上就没有那么孤独,会更有力量。

爱情在时间的浇灌下,会变成不确定的世界里最确定的存在。

爱情不是目标,而是不断学习爱的结果

当我们渴望爱情的时候,总是免不了开始规划爱情;当我们遇到心动的人的时候,我们常常用电视剧里的爱情模式去判断对方到底爱不爱自己;当我们发生冲突的时候,我们觉得爱情遇到了障碍。我们常常一边渴望"纯真独特"的爱情,一边又用各种世俗的标准去衡量爱情,所以爱情之路走得很艰难。

本书想要告诉你,**其实爱情很简单,不需要计划,但一定要跳出模式,如果我们能遵从自己的内心,守住人类的尊严,回到爱的**

本质，爱情自然就会出现。

爱情不是目标，爱情是水到渠成的结果。

爱情发展的自然阶段是这样的。

第一个阶段：爱情的发生。你会和很多人形成联结，变成朋友，能分享生活也能互相帮助。然后在那么多朋友里，你突然发现有一个人，你对他/她尤其好奇，并且想要靠近他/她，你看到他/她就觉得快乐，他/她不在你身边的时候，你会想念他/她。而如果他/她也有同样的感受，爱情其实已经发生了。

但是，如果你脑海中新旧脚本混杂，或者你不相信爱情，那么即使你有想靠近的人，也许你也会通过种种分析把他/她否决。跨出爱情的第一步被我们自己拦住了。如果改变思维，排除 Mr. Wrong/Mrs. Wrong 以后，学会和很多人形成联结，能释放自己对他人的好感，也能感受到哪些人对自己是否有好感，那么爱情常常在不经意间就发生了。

第二个阶段：表白和热恋。两情相悦还需要有人主动跨出一步，确认关系，爱情才能真正被实现。如果彼此都不想主动，那么很可能会错过爱情。我鼓励大家把主动权握在自己手上，因为主动会让你遇到更好的人。而在表白成功后，请记得爱情有不同的阶段，如果把爱情一开始的激情阶段看作爱情的理想阶段，想要维持这一阶段彼此的状态的话，那么爱情很难长久。所以，让爱情成长起来，变成成长治愈型的爱情，每个阶段的爱情都有它的美妙之处。

第三个阶段：稳定关系。当爱情逐渐稳定下来，彼此习惯了对方的存在时，也就意味着爱情将从初期关系走向长期关系。而在长期关系中，价值观的碰撞、生活习惯的不同、立场的冲突是必然会发生的，这恰恰是从浅层关系走向深层关系的入口：只有经历灵魂的碰撞，关系才能进入一个新的阶段。而在这一阶段，我们需要重新认识差异，处理好差异的问题，才能让差异成为匹配的基础。我们还需要区分你、我、我们的边界，用权利、责任、利益一致的原则去处理涉及你、我、我们的冲突。解决冲突的方式决定了我们爱情的时间长度。**好的爱情一定是让我们保有自我界限的同时，还能和另外一个人相依相偎。**

第四阶段：彼此承担责任。结婚是两个相爱的人正式向亲友宣告，两个人成为受法律保障的利益共同体、经济共同体，在今后的人生里承担各自的责任，承担彼此的义务。这时候的我们不仅仅有情感的联结，还有更多的联结，并且需要处理父母、孩子等联结的问题。

承担责任并不都是辛苦的，能承担责任反而体现了我们的人生价值。人除了自己活得快乐以外，也希望别人能因为自己而生活得更好。所以，当我们不仅是情感共同体，还是责任共同体的时候，爱情就具有了"社会"的属性，成为社会进步的标志。

这四个阶段，每一个阶段都可能结束，然后导致爱情无法进入下一个阶段，甚至到了第四个阶段，也可能随时终止。这正是爱情新脚本的特征：它是一种加法模式，需要两个人一起努力，才能持续向前。爱情的勇敢不仅仅体现在勇于进入爱情，还在于在好的爱情中，人们有分手的勇气。进入爱情是为了幸福，分手也是为了幸福。

所以，**爱是一步步发展的结果，不是一开始就设定的目标。爱是在与对方不断接触、相处的过程中逐渐感受和确认的，每一步都需要勇气、信任和智慧，两个人才能实现更深入的联结。**这一过程有一辈子可以实践，所以爱情没有必要追求高效，它需要两个人去体会对方的感受，花时间一点点地加深联结。时间会让爱情变得更牢固。

这本书的章节安排其实就是跟随着爱情发展的轨迹来叙述的，希望能帮助大家避开路上的礁石，跳过陷阱，找到正确的方向。我们学会爱，才能勇敢前进。

爱情让自我成长起来，让人拥有幸福的能力

爱情很重要，但爱情不是人生的全部。爱情最终的目的是个人的幸福。好的爱情并不是没有你，我就活不下去，而是因为：有你，我活得更好；有我，你活得更好。所以，**不是爱情给了我们幸福，而是爱情让我们成长起来，让我们拥有了幸福的能力。**

在《亲密关系：通往灵魂的桥梁》一书中，克里斯多福·孟说："人类最大的问题就是不了解自己，我们把自己看得很渺小，

无法面对这个世界上庞大的问题。我们看不到自己与生俱来的伟大才能能让世界变得更丰富。经由亲密关系呈现出来的问题，让我们有机会去面对自己的无力感，并且发现自己的潜能。实际上这就是亲密关系真正的目的：让我们面对自己的渺小，成长并突破这种界限。"爱情有的时候会引出我们最好的特质，但有的时候也会引出我们最糟糕的特质。那些不为我们所知的特质，常常在爱情里被赤裸裸地暴露出来。同样，对方也会在爱情里暴露出他的本质。**所以爱情真正的目的是让你踏上寻找自己的旅程，然后通过碰撞，不断地形塑自己。**

每一次冲突或爱情的失败都是我们成长付出的代价，这也是我们成长的机会，帮助我们改变对爱情的看法，也改变对自我和他人的看法。所以，分手并不是失败，而是给了我们复盘和重新出发的机会，它是有价值的。每一份爱情都有它的价值，即使它最后的结局是分手。

人类就是在跌跌撞撞中成长和强大起来，并且找到自己的幸福的。我们首先要有幸福的能力，才能拥有幸福的爱情。这是一个不断学习、不断练习、循环往复的螺旋形发展历程。

世界是情感共同体，爱情让你学到处理所有关系的能力

本书的主题是爱情，但并不局限于爱情。当我们拥有处理爱

情的能力时，你会发现爱情所教给我们处理差异的能力、反思误区的能力，以及处理权利、责任、利益一致的能力，和你在其他的亲密关系里运用的底层逻辑是一样的。当你把这些能力在别的亲密关系里也用得很好的时候，再进入更广阔的社会关系里，比如工作关系，你会发现也有很多异曲同工之处。

所有的关系背后都是一个真实的自我和他人形成联结、实现合作的机制，这是我们的世界非常重要的运行原则。整个世界也是一个情感共同体，人与人之间既是相互独立又是相互依存的。我们处理爱情是这样的逻辑，处理其他亲密关系是这样的逻辑，处理整个社会关系都是一样的逻辑。当我们每一个人都增强了处理亲密关系的能力时，世界就会因此而变得更加和谐美好。

所以，打开对亲密关系的想象，打开对世界的想象，让我们勇敢出发，拥抱爱，拥抱自我，拥抱世界。

祝你幸福！让我们一起幸福！